Thomas Ritter

Magisches Indien

Mächtige Götter

Geheimnisvolle Palmblattbibliotheken

Verlorene Schätze

„Magisches Indien"
Erste Auflage April 2016

Ancient Mail Verlag Werner Betz
Europaring 57, D-64521 Groß-Gerau
Tel.: 00 49 (0) 61 52/5 43 75, Fax: 00 49 (0) 61 52/94 91 82
www.ancientmail.de
Email: ancientmail@t-online.de

Verantwortlich für die Produktsicherheit:
Ancient Mail Verlag Werner Betz
Europaring 57, D-64521 Groß-Gerau
Tel.: 00 49 (0) 61 52/5 43 75, Fax: 00 49 (0) 61 52/94 91 82
www.ancientmail.de
Email: ancientmail@t-online.de

Coverfoto: Thomas Ritter
Umschlaggestaltung: Sandra Schmidt
Druck: WIRmachenDRUCK GmbH, D-71522 Backnang

ISBN 978-3-95652-160-7

In tiefer Liebe dem Menschen gewidmet, der mich begleitet, unterstützt, versteht; und Indien ebenso liebt wie ich – meiner Frau Sabine

Inhalt

Statt eines Geleitwortes - Ancient Aliens in Indien?

J. R. Bhagat ist als Archäologe im Auftrag der Regierung des indischen Bundesstaates Chhattisgarh tätig. Im Frühsommer des Jahres 2014 gelang ihm gemeinsam mit seinem Team eine unerwartete Entdeckung. Im Distrikt Kanker bei Bastar stießen die Wissenschaftler auf uralte Höhlenmalereien, die höchstwahrscheinlich UFOs und Außerirdische zeigen. Diese Felszeichnungen wurden nahe der Höhle von Bhimbetka gefunden. Die Zeichnungen in dieser Höhle sind mehr als 30.000 Jahre alt, und stehen seit 2003 auf der Liste des UNESCO Weltkulturerbes. Jene Malereien, die J. R. Bhagat fand, weisen ein vergleichbares Alter auf.

Rakesh Chaturvedi, der Direktor des Archäologischen Institutes von Chhattisgarh, plant nunmehr, Experten der NASA in die Forschungen einzubinden.

„Die Funde zeigen, dass Menschen in prähistorischen Zeiten entweder Wesen gesehen haben, die von anderen Welten kamen, oder sich dies zumindest vorstellen konnten. Wir benötigen eine intensive Feldforschung, um die Funde auszuwerten. Hier in Chhattisgarh gibt es keine ausgewiesenen Experten für die Bestimmung solcher Zeichnungen", meinte J. R. Bhagat gegenüber der Zeitung Times of India. Weitere Spezialisten aus dem ganzen Land sollen zur Auswertung der Funde hinzugezogen werden.

Die Figuren auf den gefundenen Zeichnungen haben keine klaren Gesichtszüge. Bei manchen fehlen Mund und Nase vollkommen. Sie halten jedoch detailliert dargestellte, waffenähnliche Gegenstände in den Händen. Ihre Bekleidung erinnert an moderne Raumanzüge.

Einheimische aus den umliegenden Dörfern verehren die Felszeichnungen bis auf den heutigen Tag. Verbunden damit sind seit Generationen überlieferte Legenden über die sogenannten „Rohela" – zwergenartige, menschenähnliche Kreaturen, welche in Flugschiffen vom Himmel gekommen sein. Einige Personen aus den Dörfern sollen von ihnen an Bord der Flugmaschinen gebracht worden sein. Die Entführten wurden nie wieder gesehen.

Außerirdische Besucher in Indien vor 10.000 Jahren?

Isko ist ein verschlafenes, kleines Dörfchen, 30 km östlich von der Stadt Hazaribagh im Osten Indiens gelegen. Der Ort kann sich eines besonderen kulturellen Erbes rühmen. Er ist bekannt für seine außergewöhnlichen Felszeichnungen. Diese wurden durch den Jesuitenpater Fr. Tony Herbert erst in den frühen Neunzigern entdeckt. Wissenschaftliche Untersuchungen haben ergeben, dass die Felszeichnungen ein Alter von 10.000 Jahren aufweisen, während Wandmalereien in einer nahe gelegenen Höhle bereits vor 30.000 Jahren geschaffen worden sind. Den Überlieferungen zufolge sollen in dieser Höhle einst archaische Hochzeitsrituale abgehalten worden sein.

Die Zeichnungen von Isko unterscheiden sich deutlich von den übrigen in Indien aufgefundenen Felszeichnungen, die überwiegend Jagdszenen zum Inhalt haben. In Isko sind Zeichnungen einer gebärenden Muttergottheit, die merkwürdigerweise mit einem Helm dargestellt wird, neben Tierdarstellungen und außergewöhnlichen, abstrakten Motiven zu sehen. Doch auch die Abbildung eines Mannes mit Helm und technisch anmutender Ausrüstung fehlt nicht. Dieser „Ancient Astronaut" ist neben einem Sonnensymbol dargestellt.

Ebenso wurden Zeichen entdeckt, die an eine frühe Schrift, das sogenannte Proto Brahmi erinnern. Bei Brahmi handelt es sich um die älteste Form des eigentlich in Südindien entstandenen Alt-Tamil. Diese Sprache soll der Überlieferung einst durch den Rishi Agasthya entwickelt worden sein. Agasthya gilt als einer der Kulturbringer des alten Indien. Er gehörte zu den legendären Sieben Rishis, den Weisen des vedischen Zeitalters, die auch als Schöpfer der sagenumwobenen Schicksalsbibliotheken Indiens verehrt werden.

In Isko finden sich solche abstrakten Zeichen, die an eine Schrift erinnern, neben Bisons, Wasserbüffeln, Hirschen, aber auch Amphibien wie Frösche und Lurche. Auffallend sind einige strahlenförmige Motive, die auch bei Felszeichnungen in Europa gefunden wurden.

Außergewöhnlich und besonders rätselhaft sind jedoch die geometrischen Motive von Isko. Bislang gibt es noch keine schlüssige Erklärung dafür, was sie darstellen sollen. Indische Wissenschaftler sind der Auffassung, dass diese Zeichen von Priestern oder Schamanen unter dem Einfluss berauschender Substanzen hergestellt worden sind. Die Felszeichnungen werden bis zum heutigen Tag von den Einheimischen als heilige Symbole verehrt. Möglicherweise sind sie jedoch Darstellungen einstiger Realität, die sich im Lauf der Jahrtausende zu Legende und Mythos wandelte.

Abb. 1: Ein „Alien" in 10.000 Jahre alten Felszeichnungen?

Abb. 2: Abbildung eines UFOs?

Abb. 3: Weitere Alien-Darstellungen.

Die prähistorische „Druidenhöhle“ von Andra Pradesh – Das Stonehenge Indiens?

Diese einzigartige Formation aus ovalen, aufrecht stehenden Monolithen war möglicherweise ein heiliger Platz. Sie erinnert an vergleichbare Plätze in Europa oder Afrika, und wurde durch den Hobby-Archäologen K. Venkatesewara Rao kürzlich in den Felsenhügeln nahe des Dorfes Chittivilasa im Distrikt Srikakulam aufgefunden. Die Formation besteht aus kreisförmig angeordneten Monolithen von jeweils rund 8 m Höhe. Der Durchmesser dieser Steinringes beträgt ganze 28 m. Fein ausgearbeitete Halterungen und Balkenlager beweisen, dass dieser Ort einst überdacht war, und entweder als Wohnstätte oder wahrscheinlicher als Heiliger Platz für die Verehrung prähinduistischer Gottheiten genutzt wurde. Eine prähistorische Hütte mit einem Durchmesser von 3,05 m, die einst im Steinkreis stand, konnte laut Rao bereits rekonstruiert werden. Die gut erhaltenen Monolithen werden noch heute als „Pandavulapancha“, „Pandavuladoddi“ oder „Demudurallu“ – die „Steine der Götter“ bezeichnet. Lokale Legenden berichten, dass die Pandavas während ihres Exils eine Zeit lang hier verborgen unter dem Schutz der Götter gelebt haben sollen. Bei den Pandavas handelt es sich um die Protagonisten des indischen Nationalepos „Mahabharatha“ - fünf Brüder, welche für das Gute stehen, und von ihren neidischen Vettern um Thron und Reich gebracht wurden. Ihre Abenteuer, um das rechtmäßige Erbe wieder zu erringen, schildert das Mahabharatha. Panchavulapancha – die „Betten der fünf Brüder“, so wird der Ort von den Einheimischen genannt. Tatsächlich befindet sich in der Formation eine natürliche Felshöhle, aus deren Boden fünf steinerne Liegeflächen herausgearbeitet worden sind. Diese „Betten“ wurden exakt nord-südlich ausgerichtet. In späteren Zeiten nutzten Einsiedler der Jain-Religion diese Höhle für Meditationen und nahmen einige Veränderungen im Interieur vor. Vor allem meißelten sie um die steinernen Liegeflächen Abflusskanäle aus dem Boden, um diese vor eindringendem Regenwasser zu schützen. Steinerne Betten von der gleichen Art finden sich auch in den Jain Höhlen von Udayagiri und Kandhagiri in der Nähe von Bubaneshewar in Odisha. Herr Rao ist der Ansicht, dass die Jains hier im Distrikt Srikakulam eine prähistorische Heilige Stätte für ihre Zwecke nutzten, welche nur 280 km von den Jain Höhlen in Udayagiri entfernt liegt.

Die Idee des Hobbyarchäologen, seine Entdeckung mit den Druiden, den Priestern des keltischen Kultes, in Verbindung zu bringen, entbehrt nicht eines gewissen Humors. Dennoch wird diese These in Indien von einigen Enthusiasten ernsthaft erwogen, obwohl auch hier die meisten Forscher längst zu der Überzeugung gelangt sind, dass die Druiden eben nicht die Erbauer monolithischer Anlagen waren. Diese weitgehend unbekannten und unerforschten Baumeister, welche in Europa, Afrika, aber auch in Amerika und Asien gewaltige Steinsetzungen schufen, werden heute als „Megalithiker“ bezeichnet. Nun sagt dieser Begriff lediglich aus, dass die Erbauer solcher Stätten gut mit großen Steinen umzugehen wussten.

Möglicherweise handelt es sich bei dem weltweit anzutreffenden Kult der aufrecht stehenden Steine um die Hinterlassenschaft einer einstigen, weltumspannenden Hochkultur aus fernen Tagen. Auch in Indien sind die Legenden um den sagenhaften Kontinent Mu im Pazifik und das nicht minder legendäre Lemurien im indischen Ozean bis heute lebendig.

Venkateseara Rao fand jedoch auch Spuren des Hindusimus in seinem „indischen Stonehenge“. Bruchstücke so genannter Shiva Lingams verrieten, dass hier einstmals Shiva, einer der drei Hauptgottheiten der Hindus, verehrt wurde. Die Steinformation von Chittivilasa dürfte somit über Jahrtausende hinweg ein heiliger Platz für verschiedene Religionen gewesen sein.

Abb.4: Die prähistorische „Druidenhöhle“ von Andra Pradesh.

Unterirdische Geheimnisse in Südindien

Aus unterschiedlichen Kulturen und von verschiedenen Kontinenten werden Berichte über unterirdische Tunnelsysteme, ja sogar über ganze unterirdische Städte überliefert.

In Südamerika spricht man von den „Chinkanas", einem System von Tunneln und Höhlen tief unter Ecuador und Peru. Es soll eine uralte Schatzkammer mit Artefakten enthalten. Dazu gehören auch zwei Bibliotheken aus Metall. Im Jahr 1973 behauptete Erich von Däniken, auf dem Höhepunkt seines Erfolges nach dem Erscheinen seines Bestsellers „Erinnerungen an die Zukunft", er habe diesen gigantischen unterirdischen Tunnelkomplex in Ecuador betreten. Ihm wurde gesagt, dass dieser Komplex den gesamten Kontinent umspanne – vielleicht ein Beweis dafür, dass unsere Vorfahren weiterentwickelt, wenn nicht sogar außerirdisch waren?

Vor mehr als einhundert Jahren zitierte der britische Oberst und Amateurarchäologe Howard Vyse, der Erforscher der Cheopspyramide, antike Quellen, denen zufolge „es unter der Sphinx ... geheime Krypten und Zugänge zu einem riesigen unterirdischen Höhlensystem" gibt. Er bezeichnete in seinem Bericht ein Reich unter den Pyramiden, zu dem zur Zeit der Pharaonen nur die Kaste der höchsten Priester Zutritt hatte. Die Tore dieses Reiches ließen sich nur mit „magischen Schlüsseln" öffnen und einzig die Hohepriester verstanden es, mit diesen Schlüsseln umzugehen, ohne Schaden zu nehmen.

Die fremde Welt Agarthas scheint unvermutet nahe zu sein, wenn der Historiker Paul Brunton, der eine Nacht in der Großen Pyramide von Gizeh verbrachte, von seltsamen Erlebnissen bei diesem Aufenthalt berichtet:

„Endlich kam der Höhepunkt. Riesige Urgeschöpfe, scheußliche Schreckensbilder der Unterwelt, Formen von grotesken, wahnsinnigen, ungeheuerlichen teuflischen Aussehen scharten sich um mich und erfüllten mich mit unvorstellbarem Abscheu. In wenigen Minuten durchlebte ich etwas, dessen Erinnerung für alle Zeiten unauslöschlich ist. Diese unglaubhafte Szene heftet lebendig wie eine Photographie in meinem Gedächtnis."

Während der Nacht begegnete Paul Brunton „Hohepriestern eines altes ägyptischen Kultes", die ihn in ein spirituelles (d. h. dematerialisiertes) Wesen verwandelten und ihn in eine sogenannte „Lehrhalle" führten. Seine mysteriösen

Lehrmeister erklärten ihm, dass in der Großen Pyramide die Erinnerung an versunkene Menschengeschlechter bewahrt wird und auch der Bund, welchen der Schöpfer(?) mit den ersten großen Propheten (?) geschlossen hat.

Eine uralte tibetische Prophezeiung überliefert uns die Kunde vom unterirdischen Reich Agartha. Dieses Reich soll sich in den Regionen unter dem westlichen Hochland von Tibet befinden. Einheimische versichern, dass einige Meilen nordöstlich des Karakorumpasses ein Zugang zu diesen geheimnisvollen Labyrinthen existiert. „Viele schon sahen das steinerne Tor, doch keinem ward aufgetan, da die Zeit noch nicht reif ist" lautete die Antwort der Einheimischen auf meine Frage, ob es einem Menschen möglich sei, Agartha zu betreten. Jedoch behaupten viele buddhistische Mönche, dieses unterirdische Reich gesehen zu haben. Sie beschreiben unterirdische Anlagen und Tunnelsysteme von gigantischen Ausmaßen, „erfüllt von einem milden Licht".Auch unter dem Königspalast von Lhasa soll sich ein geheimer Eingang zum Reich Agartha befinden. In den Schatzkammern des Pottala-Palastes sind angeblich Gegenstände eingelagert, „welche nicht von dieser Erde stammen." Stark ausgeprägte religiöse Dogmen unter der einheimischen Bevölkerung sowie die allgemeine politische Lage im Tibet der Gegenwart verhinderten jedoch bisher eine Überprüfung dieser Angaben.

Auch im Süden Indiens kursieren Berichte über unterirdische Bauwerke. Das bei Indienreisenden aufgrund seiner archäologischen Schätze beliebte Mahabalipuram liegt 58 km südlich von Chennai (ehemals Madras) im indischen Bundesstaat Tamil Nadu. Bereits vor mehr als 2.000 Jahren war Mahabalipuram phönizischen, griechischen und arabischen Händlern bekannt, wie Funde entsprechender Artefakte - Münzen, Bronzestatuetten und Amphoren – aus dieser Zeit beweisen. Im 7. Jahrhundert n. Chr. wurde der Hafen nochmals ausgebaut und entwickelte sich zum bedeutendsten Handelsplatz des Pallavareiches mit seiner heiligen Hauptstadt Kanchipuram. Diese fruchtbare Periode endete jedoch nach etwa dreihundert Jahren übergangslos und auf mysteriöse Weise. Im 10. Jahrhundert n. Chr. wurde Mahabalipuram von seinen Einwohnern verlassen.

Die architektonischen Schätze fielen bis ins 17. Jahrhundert dem Vergessen anheim. Ein Grund für diesen Rückzug der Bewohner aus dem reichen Küstenlandstrich soll das Ansteigen des Meeresspiegels und die damit verbundene teilweise Überflutung der Stadt gewesen sein. Die Einheimischen hingegen erzählen, dass Mahabalipuram auf Weisung der Götter – insbesondere der Gottheit Shiva – aufgegeben worden sei.

Mahabalipuram birgt auch unterirdische Geheimnisse, die bislang kaum bekannt sind. Im Süden des Ortes errichteten die Engländer um 1910 den modernen Leuchtturm, der bis heute seinen Dienst versieht. Unterhalb dieses Leuchtturmes auf der Landseite des Felsplateaus wurde in ferner Vergangenheit ein Höhlentempel aus dem harten Gneisgestein herausgearbeitet. Dieser Varagha-Mandapam wird noch heute von einer Brahmanen-Familie betreut und ist eigentlich nur für Hindus zugänglich. Das Innere des Heiligtums besticht durch hervorragend gearbeitete Darstellungen von Göttern und Helden des alten Indien. Doch nicht nur die ausgezeichnet erhaltenen Skulpturen und Reliefs machen den Mandapam so interessant, sondern sein Eingang zu dem geheimen Labyrinth von Tunneln und unterirdischen Straßen, das von hier bis in die alte und heilige Hauptstadt Kanchipuram führt. Gänge unter der Kleinstadt Thirukazikundram verbinden diese mit einem als Thirukalikum Davam (Adler-Tempel) bezeichneten Shiva-Tempel, der über dem Ort auf einem Felsmassiv thront. Der gesamte Berg soll von unterirdischen Stollen wie ein Schweizer Käse von durchlöchert sein. Dies behaupten jedenfalls die Einheimischen. Von da aus setzen sich die Tunnel bis nach Kanchipuram fort, das etwa 60 km landeinwärts Mahabalipuram liegt. Hier enden sie unter dem alten Teil des ebenfalls Shiva geweihten Sri Ekambaranatha Tempels. Der Überlieferung zufolge sind die Tunnel so bemessen, dass zwei Reiter zu Pferd in voller Rüstung die Gänge nebeneinander passieren können. Ein moderner Geländewagen hätte demnach auch keine Probleme, die Tunnel zu befahren.

Einst sollen diese Gänge den Herrschern der Pallava als geheime Verbindungs- und Fluchttunnel gedient haben, durch die sich im Kriegsfall auch ganze Truppeneinheiten ungesehen und rasch von einem Ort zum anderen verlegen ließen. Lokale Legenden belegen jedoch, dass die Pallava lediglich ein bei weitem älteres, künstliches Höhlensystem für ihre Zwecke um- und ausbauten. Die Tunnel, welche Mahabalipuram mit Kanchipuram verbinden, sind also viel älter als die Pallava-Dynastie. Diese Tunnelsysteme dürften sogar heute noch weitgehend intakt sein. Eine Begehung jedoch wird üblicherweise mit Hinweis auf einige, teilweise tödliche Unfälle untersagt, die sich in den letzten zwei Jahrzehnten in diesem unterirdischen Labyrinth ereignet haben sollen. Offenbar hatten sich in manchen Abschnitten des unterirdischen Systems Stickgase angesammelt, die als Ursache der Todesfälle in Betracht kommen.

Archäologische Ausgrabungen im Ort Thirukalikundram Anfang der achtziger Jahre des letzten Jahrhunderts förderten reiche Funde an bronzenen Statuen und beschrifteten steinernen Tafeln zutage. Die Texte waren in Brahmin, der ursprünglichsten Form des Alt-Tamilischen abgefasst, und wurden bislang nicht übersetzt. Diese Funde sollen sich heute im Archiv der archäologischen Verwaltung des Kanchipuram Distrikts befinden. Inzwischen sind die Ausgrabungen aus Geldmangel wieder eingestellt worden. Teile der küstennahen Tunnelsysteme wurden durch Brackwasser überflutet, da sie von der Landbevölkerung versuchsweise als landwirtschaftliche Bewässerungskanäle zweckentfremdet worden waren. Dies führte in der Folge zu einer erheblichen Versalzung der Ackerflächen und einem drastischen Rückgang insbesondere der Reisernten in den betroffenen Gebieten. Nach Auffassung der Archäologen sollen die noch ungeöffneten Teile des unterirdischen Labyrinthes weitere archäologische Kostbarkeiten bergen. Begehbare Eingänge zu dem Tunnelsystem befinden sich meines Wissens nur noch auf dem Gelände des Sri Ekambaranatha Tempels in Kanchipuram sowie des Shiva Tempels in Thirukalikundram. Der Eingang im Varagha-Mandapam von Mahabalipuram ist auf behördliche Anweisung in den neunziger Jahren des letzten Jahrhunderts versiegelt worden.

Auch aus dem Süden des Bundesstaates Tamil Nadu gibt es Berichte über unterirdische Systeme. Hier erhebt sich der Arunachala, ein 820 Meter hoher Berg, rund 150 Kilometer von Chennai (Madras) und 180 Kilometer von Bangalore entfernt. An seinem Fuße liegt die Stadt Tiruvannamalai mit dem großen hinduistischen Arnachalasvara-Tempel. Im Westen wurde Arunachala durch den Weisen Sri Ramana Maharshi (1879 – 1950) bekannt, der in dessen Höhlen viele Jahre meditierte, bevor er hier seinen Ashram gründete.

Rein geologisch gesehen, handelt es sich beim Arunachala um einen isolierten Bergstock aus Vulkangestein. Er erhebt sich als kahler rötlicher Kegel über die Umgebung. Trotz seiner geringen Höhe beherrscht er weithin die Landschaft. Der Arunachala wird seit Urzeiten als heiliger Berg verehrt. Tamilischen Legenden zufolge soll er älter als der Himalaya sein. Er gilt als einer der heiligsten Plätze in ganz Indien. Der Sanskritnamen „Arunachala“ bedeutet „Berg der Morgenröte“, (aruna = Morgenröte, achala = Berg, auch das „Unbewegliche“). Manche nennen ihn auch „Hügel des Lichts“. Diese Bezeichnung nimmt Bezug auf das „Göttliche Licht Shivas“, welches den Berg wie eine Aura umgibt.

Von Shankara, einem der bedeutendsten Philosophen des alten Indien, wird überliefert, dass er Arunachala als Berg Meru bezeichnete, der nach indischer Mythologie als Weltachse und Zentrum des Universums und Wohnort der Götter gilt. Nach dieser Auffassung ist der Arunachala heiliger selbst als der Kailash, im Himalaya, auf dem der hindu-Gott Shiva zu Hause sein soll. Gilt der Kailash lediglich als Wohnort des Gottes, so wird der Arunachala als Manifestation Shivas angesehen.

Der bereits erwähnte spirituelle Führer Sri Ramana Maharshi schrieb über den Berg, zu dem zeitlebens eine intensive Verbindung verspürte:

„Arunachala ist das Herz der Welt, ist Shiva selbst.

So wie wir uns mit dem Körper identifizieren,

so identifiziert sich Shiva, die höchste Wahrheit, mit dem Berg.

Es geschieht aus Liebe zu denjenigen, die Ihn zu erkennen suchen."

„Als Arunachala mich an sich zog, meinen Geist in Schweigen erfüllte und ich ihm nahe kam, sah ich: er bedeutet absolute Stille."

„Arunachala ist im Innern und nicht außerhalb. Das Selbst Ist Arunachala."

„Für das menschliche Auge ist er nur eine Gestalt aus Erde und Gestein, aber seine wahre Form ist göttliches Licht."

Sri Ramana Maharshi erhielt auch in Form von Visionen Bilder einer Stadt unter dem Arunachala, die er als Heim von Siddhas (aufgestiegenen Meistern) ansah. Nicht völlig klar ist, ob der Visionär auch physisch durch einen der zahlreichen unterirdischen Tunnel diese Stadt erreichte. Im Jahr 1949 jedenfalls wurde bei der Rekonstruktion des Adi Annamalai Tempels in der Nähe von Sri Ramana Maharshis Ashram ein Tunnel gefunden. Dieser führt vom Allerheiligsten des Tempels direkt unter den Arunachala. Auf Bitten Ramana Maharshis wurde der Eingang jedoch wieder verschlossen, um die Störung der Wesen unter dem Berg durch Neugierige zu verhindern.

Abb. 5: Krishnas „Butterkugel" in Mahabalipuram.

Abb. 6: Mandapam (Felstempel) – Thrimurti Cave in Mahabalipuram.

Abb. 7: Ufertempel in Mahabalipuram.

Abb. 8: Tempel in Thirukalikundram.

Das Ramayana – Erinnerungen an eine vergangene Zukunft

In Indien mögen sich die Wissenschaftler noch darüber streiten, ob Prinz Ram nur eine Ausgeburt der Phantasie des Dichters Valmiki oder wirklich eine historische Persönlichkeit war. Im benachbarten Sri Lanka ist man sich dagegen sicher, dass die Legenden des Ramayana historischen Tatsachen entsprechen.

Singhalesische Forscher haben im Auftrag des Tourismusministeriums fünf „Flughäfen" entdeckt, auf denen der Dämonenkönig Ravana seine Flotte von Pushpak Vimanas stationierte, jener mythologischen Flugmaschinen, deren er sich bediente, um Prinz Rams Gattin Sita zu entführen.

Der Dichter Valmiki schildert im Ramayana die Taten des indischen Königssohnes Ram, dessen Gattin Sita von dem bereits erwähnten „Dämonenkönig" Ravana entführt wird. Dieser wird als „Riese" beschrieben – daher dürfte Ravana zu jenem Geschlecht der „Riesen" oder der „Gewaltigen in der Welt" gehört haben, welches auch in der Alten Testament der Bibel Erwähnung findet (Moses, 1.Buch, 6,4).

Demnach wäre Ravana selbst ein „Göttersohn" gewesen, wohl aber ein etwas entarteter, worauf seine Bezeichnung als „Dämon" deutet. Auf jeden Fall aber beherrschte er die Kunst des Fliegens, denn er entführte Sita in einem „Wagen der Lüfte, der der Sonne glich".

Aber auch Ram verfügte über einen „Wagen der Lüfte", mit dem er unverzüglich die Verfolgung aufnahm. Ravana wollte Sita nach Sri Lanka bringen, wurde aber von Ram zum Luftkampf gestellt. Entweder war Ram der erfahrenere Pilot oder er verfügte einfach über die bessere Vimana. Es gelang ihm jedenfalls, Ravanas Flugapparat mit einem „Himmelspfeil" abzuschießen, der daraufhin „in die Tiefe" stürzte. Jedoch gelang es Rams Gattin Sita sich zu retten, indem sie aus der abgeschossenen Vimana in das unversehrte Luftfahrzeug ihres Mannes „umstieg". Eine Rettung per Fallschirm? Darüber schweigen die historischen Quellen.

Aber nicht nur Ram, sondern auch seine Verbündeten – allen voran der „König der Affen" (wurde er seines ungewöhnlichen, nichtmenschlichen Aussehens wegen so genannt?) und sein Minister Hanuman – verfügten über sehr modern anmutende Flugmaschinen.

Wenn diese Maschinen starteten, so „beben die Grundfesten der Berge, Felsspitzen brechen weg, Riesenbäume werden entästet gebrochen, ein Regenschauer von Holz und Blättern geht zu Boden".Beginnt die Maschine ihren Flug in bewohnten Gegenden so „werden die schönen Lotusteiche von [Sri] Lanka ausgeschwemmt, Hochbauten und Türme stürzen ein und die Lustgärten werden verwüstet". Bloße Übertreibung oder schlimme Erinnerung an den unsachgemäßen Betrieb von Düsentriebwerken?

Ravana – Beherrscher des vorzeitlichen Sri Lanka und treuer Anhänger des Hindugottes Shiva – nannte offensichtlich nicht nur eine mächtige Luftwaffe sein Eigen, sondern war auch ein Vorreiter des Tiefbaus. In Sri Lanka existieren zahlreiche Tunnel und unterirdische Höhlensysteme, die zu den Palästen Ravanas und den im Ramayana genannten Schlachtfeldern führen. Mehr als 50 historische Orte bilden den sogenannten „Ramayana-Trail", welcher seit kurzem sogar durch das singhalesische Tourismusministerium vermarktet wird. Sri Lanka verspricht sich davon eine signifikante Stärkung des „spirituellen Tourismus", der vor allem Kunden aus Indien anziehen soll. Diese stellen mit 100.000 Gästen pro Jahr immerhin 20 % des jährlichen Tourismusaufkommens Sri Lankas.

Herr S. Kalaiselvam, Leiter der singhalesischen Tourismusbehörde, versicherte in einem Interview mit indischen Journalisten, dass die historischen Monumente keineswegs nur eine Hypothese seien, sondern seit Jahrhunderten in den Überlieferungen der Einheimischen ihren festen Platz haben.

„Wir haben einfach alle Teile dieses Puzzles zusammengefügt. Die Menschen in den Dörfern bewahren ihre Erinnerungen an jene Plätze als Teil ihrer Folklore. Eine Fünf-Tages-Tour wird genügen, um den Touristen eindrucksvoll zu zeigen, wovon wir hier sprechen." Mit dieser Aussage steht Herr Kalaiselvam keineswegs allein, hat doch der von ihm beauftragte Forscher Ashok Kainth in vierjähriger Arbeit 59 verschiedene historische Sehenswürdigkeiten identifiziert, die unmittelbar mit der Handlung des Ramayana in Verbindung stehen.

„Dabei haben wir Ravanas Paläste ebenso aufgefunden, wie seine landwirtschaftlichen Güter und eine große Anzahl von Tempeln aus späterer Zeit, welche allesamt Sita geweiht sind", sagte Kainth.

Der Ramayana-Trail schließt auch den Besuch einer Quelle ein, die durch Sitas Tränen entstanden sein soll.

„Selbst zu Zeiten der furchtbarsten Dürrekatastrophen pflegt diese Quelle nie zu versiegen" bemerkte der Forscher dazu.

Die verschiedenen Orte des Geschehens verteilen sich über die gesamte Insel, beginnend im äußersten Norden, in Nagadeepa, jenem Punkt, an dem Hanuman mit seiner Vimana unerkannt in den Luftraum Sri Lankas eingedrungen sein soll.

In Donara, ganz im Süden von Sri Lanka, trug Prinz Ram seinen ersten Angriff gegen Ravana vor. Das Schlachtfeld des eigentlichen Kampfes, welcher letztlich Ravana das Leben kostete, ist nach Ansicht Kainths in Yudagannawa zu suchen. Dieser Ort ist gilt heute als Naturschutzgebiet, doch seltsamerweise gibt es in dieser Gegend keine Vegetation außer Gras. Sind dies die Hinterlassenschaften jenes vorzeitlichen Luftkampfes, der möglicherweise auch mit taktischen Atomwaffen ausgetragen wurde?

Gemäß den mythologischen Überlieferungen musste Ram, welcher der Kriegerkaste angehörte, eine strenge Buße auf sich nehmen, nachdem er Ravana – einen Bramahnen – getötet hatte. Die singhalesische Tourismusbehörde identifizierte sogar den genauen Ort zwischen Chilaw und Muneswaram, an dem Ram Askese übte, um sich von der begangenen Sünde zu reinigen.

„Die singhalesische Tourismusbehörde ist der Auffassung, dass das Ramayana Hindus und Singhalesen zusammenzuführen vermag. Daher erforschen und präsentieren wir diese großartige Geschichte, die sich in Ayodhya (Indien) ebenso abgespielt hat wie in Sri Lanka. Wir werden alles tun, um die historischen Hinterlassenschaften jener Zeit zu erforschen und zu restaurieren, um sie der breiten Öffentlichkeit zugänglich zu machen“, meint Herr Kalaiselvam.

Die Arbeiten seiner Behörde sind zu umfangreich, um den Ramayana-Trail als Werbetrick einer in der Krise steckenden Industrie abzutun. Es ist den Singhalesen etwas gelungen, von dem Wissenschaftler in aller Welt träumen. Die Überlieferungen eines der bedeutendsten hinduistischen Epen fanden ihre Bestätigung in der archäologischen Realität. Der Ramayana-Trail kann getrost als zweites Troja bezeichnet werden, und wird in Zukunft mit Sicherheit noch für weitere Überraschungen sorgen. Vielleicht stoßen engagierte Forscher eines Tages sogar auf eine der Pushpak-Vimanas Ravanas.

Abb. 13: Vimanamodell aus Sri Lanka.

Abb. 14: Dagoba von Anuradhapura in Sri Lanka.

Abb. 15: affenköpfige Krieger wie im Ramayana beschrieben.

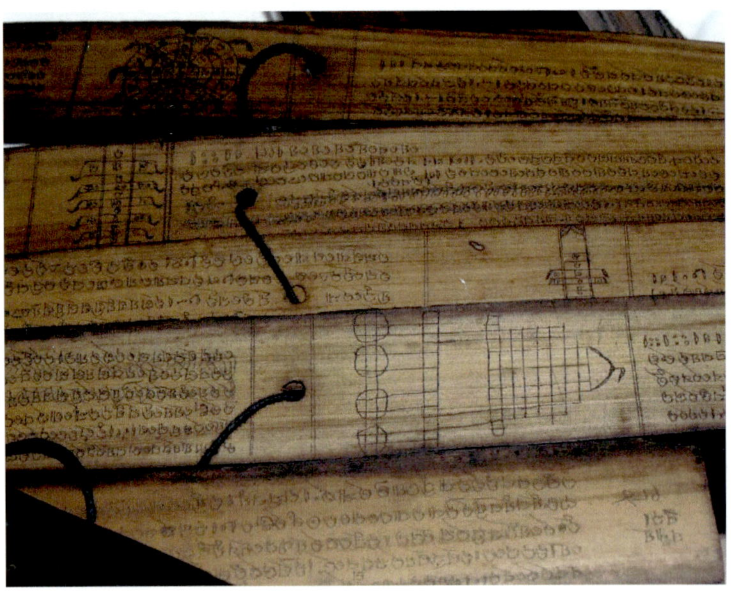

Abb. 16: Abbildungen einer Pushpak Vimana.

Die Tempel der Astronautengötter

Die Tempel von Belur und Halebid gelten als wohl prägnanteste Beispiele hinduistischer Baukunst in Südindien. Sie können in Bezug auf ihre Skulpturen durchaus mit den Bauwerken von Khajuraho und Konarak konkurrieren. Die Tempel wurden aus Speckstein errichtet, der sich relativ einfach bearbeiten lässt, und mit zunehmendem Alter härter wird. Im Chennakeshava Tempel in Belur sammeln sich bis heute Reisende und Pilger aus allen Erdteilen. Aus schwarzem Stein gearbeitet, erscheint er im einfallenden Licht metallisch. In Halebid besticht vor allem der Shiva Tempel durch seine Verarbeitung und sein Dekor. Die Zwillingsstadt Belurs ist der zweite wichtige spirituelle Ort dieser Gegend des Bundesstaates Karnataka.

Am eindrucksvollsten ist der Chennakeshava-Tempel in Belur, von dem bekannt ist, dass ihn König Vishnuvardhana im Jahre 1117 n. Chr. zu bauen begann und ihn sein Enkel 103 Jahre später vollendete. Der Tempel ist vollständig aus Steinen errichtet, die auf dem Dekkan-Plateau gebrochen und zum Bauplatz verbracht werden mussten. In seiner ganzen, kaum überschaubaren Ausdehnung bedecken ihn aus dem massiven Stein gehauene Skulpturen und Friese, scheinbar aus der Unendlichkeit kommende Reihen von Elefanten, Schwänen, Schlangen, Wagen und Menschen, die wieder in der Unendlichkeit zu verschwinden scheinen. Es heißt, nicht eine Fläche von der Größe einer Hand sei hier unbearbeitet geblieben. Der Tempel wirkt wie aus einem Guss, entstanden aus einer tiefen religiösen Grundstimmung heraus, einem festen, unverrückbaren Glauben. Bedauerlicherweise kennen wir nicht die Namen der Architekten dieses Meisterwerkes sakraler Baukunst.

Die Langseiten des Tempels sind mit Episoden aus dem Mahabharatha illustriert. Es gilt als das Nationalepos Indiens hat bis heute große Bedeutung. Das Mahabharatha überliefert in seinen älteren, auf Sanskrit verfassten Kapiteln nicht nur historische Legenden, sondern auch Berichte über die Kriege der Götter und Menschen. Dabei tauchen immer wieder „Vimanas" auf, die Flugmaschinen der Götter Altindiens. Es werden Strahlenwaffen erwähnt, die wir heute als Laser interpretieren können. Sogar die Anwendung nuklearer Waffen wird beschrieben. Was das Mahabharatha von den Opfern dieser Kriegsmaschinen berichtet, könnten Beschreibungen der US-Beobachter 1945 in Hiroshima und Nagasaki sein. Sogar die Schattenfiguren an Hausruinen der vom Atomfeuer verglühten Menschen kommen in dem 2.000 Jahre alten Text vor. Vergleicht man die

Anweisungen eines modernen Militärhandbuches für den Umgang mit einem atomaren „Outfall", meint man, im Mahabharatha zu blättern.

Die Armeen im alten Indien setzten bei Feldschlachten auch Raketenwerfer ein. Diese Waffen fanden in der Moderne zum ersten Mal erfolgreich im 2. Weltkrieg vor allem auf sowjetischer Seite Verwendung. Sie gingen als die berüchtigten „Stalinorgeln" in die Militärgeschichte ein. Für die Verwendung solcher Waffen bereits im Altertum gibt es Beweise auf dem Schlachtenfries des Chennakeshava-Tempels im einstigen Velapuri, der Hauptstadt eines bedeutenden mittelalterlichen Reiches. Die Steinmetze aus dem 12. Jahrhundert stellten in überzeugender Detailtreue dar, wie die Krieger des Königs in Stellung gehen, wie Elefanten die Streitwagen ziehen und wie – über die Köpfe der Soldaten hinweg - Raketen abgefeuert werden. Auf genau die gleiche Weise feuern noch heute Raketenwerfer ihre Salven ab. Die dargestellten Raketen führen deutlich sichtbare Gefechtsköpfe. Wie aber kann es angehen, dass indische Steinmetze im 12. Jahrhundert Raketenwerfer und daraus abgefeuerte Geschosse darstellten? Das Mahabharatha mag ihnen wohl vertraut gewesen sein, aber wieso wussten sie von den Gefechtsköpfen, vom Feuerschweif, Massenabschuss und Formationsflug? Haben die alten Inder das Pulver erfunden?

Vimanas – die fliegenden Maschinen des Altertums, Megalithbauten unbestimmbaren Alters und die eben beschriebene Darstellung moderner Waffen sind nur einige Merkwürdigkeiten in diesem für Europäer schon „merkwürdig" genug erscheinenden Land. Dort gibt es Orte, an denen das Außergewöhnliche normal ist. Eine der ältesten und berühmtesten Städte Südindiens gehört dazu. Diese Stadt ist Vijayanagara – die „Stadt des Sieges".Sie erlebte ihre Blütezeit als Hauptstadt eines mächtigsten Hindu-Reiches in Südindien von der Mitte des vierzehnten Jahrhunderts an bis zum Jahr 1565, als die Stadt von moslemischen Angreifern erobert und zerstört wurde. Ihre Ruinen blieben fast vierhundert Jahre lang vergessen und unbeachtet. Obwohl die herausragende Bedeutung von Vijayanagara für die Geschichte Indiens unumstritten ist, haben bisher nur wenige Historiker und Archäologen diesen einzigartigen Ort besucht.

In den Reliefs der Ruinen Vijajanagaras finden sich weitere interessante Darstellungen, die nicht in das herkömmliche Weltbild passen. Da marschieren einheimische Krieger in strammer Formation mit geschulterten Gewehren und aufgepflanzten Bajonetten. Doch die Verwendung von Seitengewehren setzte sich erst im 17. Jahrhundert durch, als die bis dahin verwendeten unhandlichen, schweren Luntenschlossmusketen nach und nach durch leichtere Steinschlossgewehre abgelöst wurden. Zu jener Zeit aber lag Vijajanagara längst in Trümmern. Welches Vorbild hatten also die Steinmetze für die Darstellung der Bewaffneten?

In den Verzierungen der Tempel finden sich ebenfalls Darstellungen, die von ihrem Aussehen an die bereits aus der Paläo-Seti-Literatur bekannten Djed-Pfeiler des alten Ägypten erinnern. Von besonderem Interesse aber sind die Abbildungen von menschenähnlichen Wesen auf fliegenden Schilden. Tatsächlich werden diese Friese als „fliegende Dämonen" bezeichnet. Im Zusammenhang damit steht das Relief einer Flugmaschine, die an das sogenannte „Hesekiel-Raumschiff" erinnert. Bei dieser Darstellung könnte es sich tatsächlich um eine außerirdische Flugmaschine handeln, so wie sie in den altindischen Epen, beispielsweise im Shrimad Bhagavatam, beschrieben wird. Im Zehnten Canto des Epos wird ein metallenes Flugobjekt erwähnt, das vom Planeten Talaatala stammt. Der bereits erwähnte Maya Daanava hatte dieses Flugobjekt für seinen Verbündeten, den machtgierigen König Shalva, konstruiert, und Shalva setzte es im Kampf gegen die Stadt Dvaaraka ein. Die Beschreibung lautet wie folgt:

„Shalva wünschte sich eine Flugmaschine (yana), die weder von den Halbgöttern noch von den Asuras, Menschen, Gandharvas, Uragas, noch von den Raakshasas zerstört werden konnte. Es sollte kama-gam sein (fähig, nach der Willenskraft des Piloten zu fliegen), und es sollte die Vrishnis vor Schreck erstarren lassen. 'So sei es', sagte Shiva und beauftragte Maya Danava. Dieser schuf ein Saubha-Flugzeug ('Sabha-ähnlich', eine kleine Sabha-Kopie) aus Metall und übergab es Shalva. ... Das Flugzeug, mit dem Shalva seine Angriffe führte, war so mysteriös, dass man manchmal meinte, es flögen mehrere identische Flugzeuge am Himmel, und manchmal, es sei überhaupt keines vorhanden. Manchmal war es sichtbar und dann wieder unsichtbar. So wussten Shalvas Gegner nie genau, wo es war. Manchmal stand es am Boden, im nächsten Moment flog es am Himmel, dann wieder verharrte es kurz auf dem Gipfel eines Berges und tauchte plötzlich aus dem Wasser auf. Wie ein wirbelnder Feuerstab blieb es nie an einem Ort." (Shrimad-Bhagavatam 10.76.6–7, 21–22)

Diese Beschreibung der Flugeigenschaften von Shalvas Flugzeug stimmt bis in die Details mit heutigen UFO-Augenzeugenberichten aus aller Welt überein – das plötzliche Auftauchen und Verschwinden, das Schweben, die Zickzack-Kurse, das Verdoppeln des Objektes oder die Vermehrung in mehrere Objekte. Mit der Darstellung eines solchen Flugobjektes finden die Beschreibungen der altindischen Epen auf überzeugende Weise Bestätigung in den architektonischen Artefakten der Stadt des Sieges.

Abb. 17: Chennakeshava Tempel in Belur.

Abb. 18: Einsatz von Raketenwerfern.

Abb. 19: Der Autor in Vijajangara.

Abb. 20: Verwendung von Schusswaffen vor der Erfindung des Schwarzpulvers

Abb. 23: Abbildung eines Panzerwagens.

Abb. 24: Darstellung eines Himmelspfeil genannten Raketengeschosses.

Die Eiserne Säule von Delhi – ein Vermächtnis des Rama-Imperiums?

Sie steht im Zentrum der einstigen Quwwatul Moschee, und ist eine von Delhis merkwürdigsten Sehenswürdigkeiten – die Eiserne Säule. Aus dem 4. Jahrhundert soll sie stammen. Dies verrät zumindest eine Inschrift, die auch besagt, dass die Säule einst von König Chandragupta II (375-413) zu Ehren des Hindugottes Vishnu errichtet wurde. Wie die Eiserne Säule vom Territorium des Gupta Reiches im Gebiet des heutigen Bundesstaates Madhya Pradesh schließlich nach Delhi kam, bleibt ein Rätsel. Auf jeden Fall ist sie ein Beleg für den hohen Stand der Metallverarbeitung im alten Indien. Die Säule besteht zu 98 % aus reinem Eisen und überdauerte mehr als 1.600 Jahre, ohne zu rosten oder sonstige Anzeichen des Verfalls zu zeigen. Sie ist 7.3 m hoch. mit einem Meter unter der Erde, und hat ein Gewicht von rund 6.5 Tonnen. An der Basis hat sie einen Durchmesser von 48 cm, an der Spitze von 29 cm. Gekrönt wird die Säule von einem wundervoll geschmiedeten Kapitell, welches einst die Statue des Götterboten Garuda getragen haben soll.

Über diese Fakten sind sich die Forscher weitgehend einig. Alles andere ist umstritten.

Für wen wurde diese Säule errichtet, und wann genau?

Wo stand sie, bevor sie nach Delhi gebracht wurde?

Was ist die wahre Bedeutung der in uralten Brahmi Lettern eingravierten Inschrift?

Wer brachte die Säule schließlich an ihre heutige Position, und warum?

Wie wurde die Säule letztendlich hergestellt? Geschah dies wirklich im 4. Jahrhundert oder wesentlich eher?

Vor allem gilt es natürlich eine Frage zu beantworten – die nach der offensichtlichen Rostresistenz der Säule.

Zumindest darauf bieten indische Wissenschaftler eine Antwort an.

Metallurgen des Kanpur ITT Instituts entdecken eine Schicht „Misawite" genannten Korrosionsschutzes, einer Mischung aus Eisen, Sauerstoff und Wasserstoff, welche ein Rosten der Säule verhindert. Diese Schicht entstand allmählich in den Jahren nach Errichtung der Säule. Seither wuchs sie beständig, aber äußerst langsam. Nach über 1.600 Jahren ist sie lediglich ein Zwanzigstel Millimeter stark, erklärte Professor R. Balasubramaniam vom IIT. Ursache dieser chemischen Reaktion soll der hohe Phosphoranteil des Eisens sein, aus dem die Säule besteht. Er ist höchstwahrscheinlich durch eine besondere Technik während der Herstellung des Eisens verursacht worden. Die Schmiede vermischten offenbar große Mengen Holzkohle mit dem zu schmelzenden Eisenerz. Nach Professor Balasubramaniam ist die Eiserne Säule ein „lebendiges Beispiel für die Kunstfertigkeit der Metallurgen des alten Indien".

Wer sie aber nun wirklich errichtete, ist bei weitem nicht so klar, wie es auf den ersten Blick zu sein scheint. Zwar spricht die bereits erwähnte Inschrift von einem mächtigen Herrscher Namens Chandra, einem ergebenen Anhänger des Gottes Vishnu, doch muss dieser König nun keineswegs mit Chandragupta II identisch sein, zumal die Angaben über den ursprünglichen Aufstellungsort der Säule vage bleiben. Dort ist lediglich die Rede von einem Berg namens „Vishnupada", an dem die Säule einst errichtet wurde. Dieser Ort konnte bislang noch nicht verifiziert werden, weshalb König Chandragupta II als Auftraggeber für die Eiserne Säule zweifelhaft bleiben muß. Hinzu kommt, dass die Eiserne Säule von Delhi beileibe kein Einzelstück altindischer Metallurgie darstellt. Ähnliche große Objekte aus Eisen wurden bereits in Dhar and Mandu in Madhya Pradesh, am Mount Abu in Rajasthan und am Kodachadri Hill in Karnataka gefunden.

Gehören diese mysteriösen Artefakte womöglich zu den Hinterlassenschaften einer weitaus älteren Kultur, von der in den altindischen Epen die Rede ist? Solche Epen, wie das Mahabarata, beschreiben futuristisch anmutende Reiche, erzählen von Helden, die sich Luftgefechte in Flugmaschinen, den sogenannten Vimanas, lieferten und von Gottkönigen, die ihre Kriege mit Massenvernichtungswaffen austrugen.

In Teilen Nordindiens und des heutigen Pakistan soll nach den Überlieferungen bereits während der jüngsten Eiszeit, also vor etwa 15.000 Jahren, das so genannte „Rama Imperium" entstanden sein. Es beherrschte über lange Zeiträume den Subkontinent. Zu diesem Imperium, das als Staatenbund beschrieben werden kann, gehörten zahlreiche hochentwickelte Städte. Ruinen dieser gewaltigen Metropolen wurden in einigen Fällen bereits in den Wüsten des heutigen Pakistan sowie in Nord- und Westindien entdeckt.

Auch die Entdeckungen von Dwaraka und Mahabalipuram belegen, dass sich in diesen Regionen vor etwa fünf – bis zehntausend Jahren kataklysmische Vorgänge abspielten, die nicht nur das Gesicht der dortigen Küstenregionen einschneidend veränderten. David Hatcher Childress schrieb dazu:

„Das Rama Empire, das im 'Mahabharata' und 'Ramayana' beschrieben wird, existierte vermutlich gleichzeitig mit den Hochkulturen von Atlantis und Osiris im Westen. Atlantis, wohlbekannt durch Platon's Schriften und alt-ägyptische Aufzeichnungen, existierte wahrscheinlich im Mittel-Atlantik und war eine sehr technologisch und patriarchal ausgerichtete Zivilisation. Die Osirische Zivilisation bestand im Becken des Mittelmeers und in Nordafrika [...] und ist allgemein als prä-dynastisches Ägypten bekannt. Es wurde überflutet, als Atlantis unterging und das Mittelmeer begann, sich mit Wasser zu füllen."

Die Zivilisation der Atlanter, welche in altindischen Sanskrit-Texten als „Asvins" oder „Asuras" („Dämonen") auftauchen, soll technologisch noch weiter als die der alten Inder entwickelt gewesen sein und angeblich einen militaristischen Charakter besessen haben. Mit ihren Fluggeräten, den 'Vailixi', die nach ähnlichen Prinzipien funktioniert haben sollen wie die Vimanas, sollen sie versucht haben, die ganze Welt zu unterwerfen. Der indische Alternativ-Historiker Eklal Kueshana, Autor von 'The Ultimate Frontier', ging 1966 in einem Artikel davon aus, das Vailixi schon vor 20.000 Jahren auf Atlantis gebaut worden seien. Das Ramayana, das Mahabharata und andere Texte sprechen von einem vernichtenden Krieg, der vor etwa zehn- bis zwölftausend Jahren zwischen Atlantis und dem Rama Imperium stattgefunden habe soll.

Vielleicht sind die Eisernen Säulen Indiens ebenso wie die radioaktiv verseuchten Ausgrabungszonen von Mohenjo Daro in Pakistan oder Parhaspur in Indien Zeugnisse der einstigen Existenz einer solchen Hochkultur, die sich in einem gewaltigen Krieg selbst auslöschte.

Wirkliche Hoch-Technologie dürfte jedoch zu jenen Zeiten ganz offenbar selbst in den zivilisatorischen Ballungszentren kein fester Bestandteil des täglichen Lebens gewesen sein. Im Gegenteil, sie gehörte als streng gehütetes Geheimwissen den höchst exklusiven Macht-Eliten der alten Reiche. Diese verstanden es offenbar sehr erfolgreich, sich von ihren Untertanen als Götter verehren zu lassen.

Grundsätzlich darf man also, wenn die Möglichkeit hochentwickelter Technologien in ferner Vergangenheit in Betracht gezogen wird, einen sehr restriktiven Umgang der damaligen Machthaber mit diesem Wissen voraussetzen. „Industriegesellschaften" im heutigen Sinne sind wohl selbst solch mächtige Reiche wie Atlantis oder das Rama Imperium nicht gewesen. Entsprechende Spuren wären mit Sicherheit irgendwo auf diesem Planeten auch in der Gegenwart noch nachzuweisen. Vermutlich gab es also nur wenige Produktionsstätten für Vimanas, Vailxis oder andere Geräte der Götter.

Solche zentralisierten Metropolen der Macht und des Wissens waren jedoch - ebenso wie die herrschende Schicht selbst – stets der Gefahr ausgesetzt, durch Naturkatastrophen, Kriege oder auch Unfälle der völligen Zerstörung anheim zu fallen. Im Falle globaler Kataklysmen bedeutete diese Totalvernichtung militärisch-industrieller Komplexe gleichzeitig auch, dass mit den Betreibern jedes nähere Wissen über ihre Geheimnisse zu Grunde ging. Überlebende Zeitgenossen eines solchen Infernos, die nicht zur Schicht der „Eingeweihten" gehörten, wären wohl nicht in der Lage gewesen, aussagekräftige Berichte über jene Stätten zu hinterlassen, an denen einst die „die Götter" zu Hause waren.

Artefakte wie die Eiserne Säule von Delhi können aber immerhin der Ausgangspunkt für weitere Forschungen sein, um künftig die „Wohnstätten der Götter" auf unserem Planeten, und damit die Zentren der vorzeitlichen Hochkulturen zu identifizieren.

Abb. 26: Der Turm Qutb Minar.

Abb. 27: Die Eiserne Säule im Hof der Moschee.

Gottes Gold

Mythen und Wunder gehören einfach zu uralten Tempeln. Manchmal auch Geschichten von verborgenen Schätzen. Die hektische Aufregung und mediale Aufmerksamkeit, welche der Öffnung uralter unterirdischer Kammern des Sree Padmanabhaswamy Tempels in Trivandrum folgten, stehen in einem scharfen Kontrast zu der erhabenen Ruhe, welche sonst das gewaltige Bauwerk umgab. Schon von weitem ist sein Gopuram, der massive Torturm zu erkennen. Er erhebt sich seit Menschengedenken über den geschäftigen Straßen von Thiruvananthapuram (Trivandrum), der Hauptstadt des indischen Bundesstaates Kerala.

Auch wenn eine endgültige offizielle Bestätigung immer noch aussteht, ist inzwischen doch bekannt, dass die fünf geöffneten unterirdischen Kammern enorme Schätze bergen. Wahrscheinlich lagert dort die weltweit größte Sammlung an Gold und Silber, verarbeitet zu kunstvollen Statuen, prächtigem Schmuck, wertvollen Gefäßen und zahllosen Münzen. Faustgroße Diamanten, außergewöhnlich reine Rubine und Smaragde, phantastisch klare Saphire sollen zu dieser außergewöhnlichen Kollektion gehören, die niemandem anders geweiht ist, als Gott Vishnu selbst – hier in seiner Form des „Padmanabha Swamy" – der „Erlauchte mit dem Lotusnabel". Ihm gehört der weltweit größte bekannte Tempelschatz, dessen Wert rund 15 Milliarden Euro betragen soll.

Kein Wunder, dass heute hier die Polizeipräsenz erdrückend ist. Drei Kordons bewaffneter Wächter schützen das Heiligtum. Zunächst passiert man die Kontrollen der lokalen Polizei, dann jene der in Tarnanzüge gekleideten Militärpolizei, um zuletzt den berühmten „Black Cats", einer Eliteeinheit der indischen Sicherheitskräfte, Auge in Auge gegenüberzustehen. Liegt auch dieser Check Point hinter einem, steht dem Besuch des Tempels nichts mehr im Wege – vorausgesetzt, man ist Hindu.

Seit dem 2. Mai 2012 tobt ein erbitterter Rechtsstreit um den Tempelschatz. Seine Hoheit, Uthradam Thirunal Marthanda Varma, das 92jährige Oberhaupt der königlichen Familie von Travancore fordert vom Obersten Gericht Keralas, dem Staat die Verfügungsgewalt über das Vermögen und den Tempel wieder zu entziehen. Bis zur Unabhängigkeit Indiens war der Sree Padmanabhaswamy Tempel nicht nur ein königlicher Tempel, sondern auch der Familientempel des Königshauses von Tranvancore. Dies macht seinen bis heute einzigartigen Status aus.

Der Tempel gehört zu den heiligsten Stätten Südindiens, da seine Existenz bereits in den ältesten indischen Epen erwähnt wird. Es ist heute nicht mehr genau zu ermitteln, wer wann genau die Originalstatue des Sree Padmanabhaswamy hier aufstellte, da es aus jener Zeit keine schriftlichen Überlieferungen gibt. Einige bekannte Schriftsteller, Forscher und Historiker wie Dr. L. A. Ravi Varma von Travancore, sind der Meinung, dass der Tempel am ersten Tag des Kali Yuga errichtet worden ist. Das wäre vor rund 5.000 Jahren gewesen. Die Frühgeschichte des Tempels existiert lediglich in legendärer Form. Eine dieser Legenden findet sich in einem uralten Palmblattmanuskript mit dem Titel „Ananthasayana Mahatmya". Es beschreibt, dass der Tempel ursprünglich von einem Tulu Brahmanen mit Namen Divakaramuni am 950. Tag des Kali Yuga errichtet worden sei. Der Brahmane soll damals als Einsiedler an diesem heiligen Ort gelebt haben.

Andere Historiker und Forscher hingegen halten den Thiruvambadi Schrein des Sree Krishnaswamy, der sich im Zentrum des eigentlichen Tempels befindet, für das älteste Bauwerk hier. Es gibt eine Beschreibung 'Bhagavatha Purana' (canto 10, Kapitel 79), das Sree Bala Rama den „Spanandoorapuram" auf seiner Pilgerfahrt besuchte. Gemäß den lokalen Überlieferungen verweist dies auf den Schrein von „Ananthasayanam" in „Thiru Ananthapuram". Ebenso existiert im sogenannten 'Brahmanda Purana' ein Hinweis auf den „Syanandoorapura". Diese Beschreibungen stützen den in Südindien weit verbreiteten Glauben, der Sree Padmanabhaswamy Tempel habe ein sehr hohes Alter, und sei von jeher ein Zentrum der Verehrung des Hindugottes Vishnu. Die Verse und Kompositionen Nammalvars, eines bedeutenden Heiligen der Vishnuanhänger, belegen zweifellos, dass der Tempel bereits im 5. Jahrhundert existierte. Inschriften belegen, dass das Heiligtum von Beginn an durch ein lokales Komitee verwaltet wurde, welches den Namen 'Ettara Yogam' trug. Antike Palmblattmanuskripte zeigen, dass die Fundamente des Tempels durch einen Herrscher namens Cheraman Perumal gelegt wurden. Dieser lokale Fürst galt als aufgrund seiner Frömmigkeit bereits zu Lebzeiten als Heiliger. Er soll ebenfalls die Pflichten der Priester und Verwaltungsangestellten des Tempels geregelt haben. Mehr als fünfhundert Jahre später, um das Jahr 1050, wurde der Tempel zu ersten Mal durch den damaligen Herrscher rekonstruiert und instandgesetzt.

Die nächsten schriftlich überlieferten Ereignisse datieren aus der Zeit zwischen 1335 und 1384, als das Königreich Tranvancore, wie es nun hieß, durch einen weisen und mächtigen Herrscher mit Namen Veera Marthanda Varma regiert wurde. Unter seiner Regentschaft wurde das Heiligtum mehr und mehr zum königlichen Tempel. Einige Urkunden belegen, dass um 1375 zum ersten

Mal hier Alpasi Utsavam gefeiert wurde – das Alpasi Festival, eine bedeutende, zehntägige Zeremonie, welche bis heute jedes halbe Jahr begangen wird.

Zwischen 1459 und 1460 wurde die Statue Sree Padmanabhaswamys in ein „Exil" gebracht, da die schadhafte Decke des Allerheiligsten repariert werden musste. Mitte 1461, nach der Rekonstruktion, wurde die Statue im Rahmen einer großen Zeremonie am alten Ort wieder aufgestellt.

Im Jahr 1566 A.D. erfolgte die Grundsteinlegung für den mächtigen Gopuram, der seither den östlichen (Haupt-)Eingang des Tempels bewacht. Eine schwere Brandkatastrophe zerstörte im Jahr 1686 fast den gesamten Tempel mit Ausnahme der Statue Sree Padmanabhaswamys. Erst 1724 begann der Wiederaufbau. Er wurde durch den 1729 an die Macht gelangten Herrscher Marthanda Varma energisch vorangetrieben. Schon zwei Jahre später war der Tempel fertig, inklusive einer neuen Statue des Gottes, die von den Gläubigen bis heute verehrt wird. Während der Regierungszeit Marthanda Varmas wurde der Tempel auch mit einer wallartigen, mehrere Meter hohen Mauer eingefasst. Es ist überliefert, dass diese Arbeit von 4.000 Steinmetzen, 6.000 Bauarbeitern und 100 Elefanten innerhalb von sechs Monaten vollbracht wurde. Der Gopuram von 1566 wurde auf seine heutige Höhe erweitert. Im Innern des Bauwerkes entstand ein einzigartiger überdachter Korridor aus massiven Steinen, der dafür sorgte, dass Tempelprozessionen nun unabhängig von der jeweiligen Wetterlage durchgeführt werden konnten. Von diesem Korridor aus führen zwei Treppen in die Tiefe des Tunnelsystems, das die Schatzkammern des Tempels beherbergt. Den Gläubigen ist der Zutritt streng verboten.

Den Tempel zu betreten, ist eigentlich nur Hindus erlaubt. Es gilt zudem ein spezieller Dresscode. Männer betreten den Tempel mit freiem Oberkörper, gehüllt in den Dhoti oder Lunghi, einen traditionellen Wickelrock. Frauen jeden Alters tragen traditionell den Sari. Fotoapparate, Mobiltelefone und ähnliche Erfindungen der Neuzeit haben im Tempel nichts zu suchen.

Unter diesen Umständen ist es schon ein kleines Wunder, dass der Autor – wahrscheinlich als erster Weißer überhaupt – Zutritt zum Tempel erhielt. Diesem Wunder hat Seine Hoheit, Uthradam Thirunal Marthanda Varma, der inzwischen leider verstorbene Maharadscha von Tranvancore, durch seine Fürsprache ein wenig nachgeholfen.

In seiner Gegenwart wurden auf Beschluss des Obersten Gerichtshofes von Indien auch die geheimen Schatzkammern geöffnet, welche in einer Tiefe von sechs Metern unter dem Tempel liegen. Sie enthalten nach bisherigen Berechnungen Wertgegenstände im Wert von mindestens 15 Milliarden Euro, darunter

Gold und Diamanten, Schmuck, goldene Gefäße, Waffen, goldene Figuren von Göttern, Menschen und Tieren, Diamantgeschmeide mit einem Gewicht von 500 Kilogramm und einer Länge von sechs Metern sowie säckeweise Goldmünzen, die unter anderem aus Nepal und Italien stammen. Dieser Fund machte Sri Anantha Padmanabha Swamy von Thiruvnanthapuram mit einem Schlag zum reichsten Gott der Welt.

Doch trotz des Gerichtsbeschlusses blieb eine der unterirdischen Schatzkammern verschlossen – die mysteriöse „Kammer B". Dieser Raum gilt den Tempelpriestern und Gläubigen als sehr geheimnisvoll und besonders heilig. Eine Öffnung sei mit unkalkulierbaren Risiken verbunden. Schon die eiserne Tür der Kammer wirkt mysteriös. Sie ist mit den Darstellungen von zwei goldenen Kobras versiegelt, und besitzt keinerlei sichtbaren Schließmechanismus. Der Überlieferung zufolge ist die geheime Kammer einst mittels der „Naga bandham" oder „Naga paasam" Mantren – mächtigen Zauberformeln und Flüchen – von Magiern versiegelt worden, die zur Zeit König Marthandavarmas im 16. Jahrhundert lebten.

Die Nagas werden bis zum heutigen Tag in Asien verehrt. Es sollen gottgleiche Wesen sein, denen es möglich ist, ihre Gestalt zu wandeln, sowohl als Mensch oder als Schlange zu erscheinen. Nicht nur in Indien, sondern in ganz Südostasien genießen Schlangen, insbesondere Kobras (Naga) kultische Verehrung. Sowohl im Hinduismus als auch im Buddhismus stehen sie als Symbol für Weisheit und Wahrhaftigkeit.

Die Tür einer auf diese Weise versiegelten Geheimkammer kann den Tempelpriestern zufolge nur von Sadhus oder anderen heiligen Männern geöffnet werden, die Erfahrung in der Überwindung des „Naga Bandham" oder „Naga Pasam" – des Schlangenfluches – haben. Sie müssen dazu das mächtige „Garuda Mantra" in einer bestimmten Weise rezitieren. Garuda – ein Mischwesen aus Adler und Mensch – gilt in der indischen Mythologie als Überwinder der Schlangen. Eine Öffnung auf andere Art ist nicht möglich, sondern birgt Gefahren für Leib und Leben des unkundigen Neugierigen. In unseren Tagen gibt es allerdings weder in Indien noch sonst irgendwo auf der Welt jemanden, der die alte Kunst der Mantrikas noch beherrscht.

Wenn das „Garuda Mantra" nämlich in der rechten Weise rezitiert wird, dann öffnet sich der Überlieferung zufolge die Tür automatisch ohne weiteres menschliches Zutun. Jeder Versuch einer mechanischen Öffnung hingegen ist zum Scheitern verdammt. Im Gegenteil, so behauptet der Astrologe des Maharadschas von Travancore, sollte die Tür gewaltsam geöffnet werden, so drohen nicht nur dem Tempel, sondern sogar Indien und dem Rest der Welt furchtbare Katastrophen, vergleichbar mit dem am 21.12.2012 glücklicherweise nicht eingetretenen Weltuntergang. Schließlich ist der Tempel Vishnu geweiht, dem Hüter der Schöpfung.

Gerüchten zufolge sollen bei einer gewaltsamen Öffnung von „Kammer B" toxische Stoffe und giftige Gase freigesetzt werden. Wahrscheinlicher ist da schon die Spekulation, dass der Raum einen noch gewaltigeren Schatz verbirgt als jenen, der bereits gefunden wurde. Möglicherweise wird dieser Schatz von zahlreichen Kobras bewacht, welche „Kammer B" bewohnen sollen, und mit ihrem Biß jeden ungebetenen Besucher ins Jenseits befördern können. Im Gespräch mit dem Autor ließ der 92-jährige Maharadscha von Tranvancore durchblicken, dass in „Kammer B" all jene kostbaren Götterstatuen aufbewahrt werden, die im Lauf der Jahrhunderte durch neue Idole ersetzt wurden. Demnach sei dieser Raum weniger aus materiellen Gründen, sondern vor allem aus spiritueller Sicht besonders heilig und daher mit einem Tabu belegt. Deshalb ist die eiserne Tür der Kammer bis zum heutigen Tage verschlossen.

Nach Auskunft Seiner Hoheit, Uthradam Thirunal Marthanda Varma, führt von der geheimnisvollen „Kammer B" ein Tunnel bis zur nahe gelegenen Arabischen See. Dieser Tunnel birgt eine Art von Schutz- und Selbstzerstörungsmechanismus, welcher das unterirdische System der Schatzkammern flutet, und dadurch den Tempel zum Einsturz bringt, sofern die Tür von „Kammer B" gewaltsam geöffnet wird. Am Ende dieses als Fluchttunnel konzipierten Ganges befindet sich ein kleiner Hafen, in dem eine mysteriöse Maschine, Saubha Vimana genannt, vor Anker liegen soll.

Zahlreiche Sanskrittexte enthalten Hinweise, dass die Götter des alten Indien regelrechte Schlachten mit Hilfe der Vimanas schlugen. So heißt es im Epos „Ramayana":

„Der Pushpak Vimana welche die Sonne überstrahlt, und meinem Bruder gehört, wurde vom mächtigen Ravana in Auftrag gegeben. Diese exzellente Flugmaschine bewegt sich überall hin. Sie sieht aus wie eine strahlende Wolke am Himmel."

Im Mahabharata, dem mehr als 108.000 Doppelverse umfassenden indischen Nationalepos wird eine Wesenheit namens Asura Maya beschrieben. Er soll über ein Vimana mit 12 Decks verfügt haben.

Im Samarangana Sutradhara heißt es:

„Stark und belastbar muß der Rumpf eines Vimana sein. Er soll einem riesigen Vogel gleichen, und aus leichtem Material gefertigt sein. In seinem Zentrum befindet sich der Quecksilbermotor mit dem eisernen Wärmetauscher darunter. Durch die Energie des Quecksilbers wird die Turbine in Gang gesetzt. Auf diese weise kann jemand, der im Innern des Vimana sitzt, große Distanzen am Himmel zurücklegen. Der Vimana kann senkrecht starten und landen, sich aber auch horizontal vorwärts und rückwärts bewegen. Mit der Hilfe solcher Maschinen sind einerseits die Menschen in der Lage, sich in die Luft zu erheben. Anderseits ist es den himmlischen Wesen auf diese Weise möglich, zur Erde zu kommen."

Über den Saubha Vimana berichten die alten Inder folgendes:

„Die Flugmaschine, welche Salva benutzte, war sehr geheimnisvoll. Sie war so außergewöhnlich, dass sie in der Luft von einem Augenblick auf den anderen erscheinen und wieder verschwinden konnte. Manchmal war der Vimana sichtbar, manchmal nicht, so dass die Krieger der Yadu Dynastie niemals sicher sein konnten, wo sich die Flugmaschine gerade befand. Einmal sahen sie den Vimana am Boden, dann flog er wieder in der Luft. Manchmal stand er bewegungslos auf einem Hügel, dann wieder schwamm er im und sogar unter Wasser. Diese wundervolle Flugmaschine bewegte sich am Himmel wie ein wirbelndes Feuerrad – nicht für einen Moment hielt der Vimana inne" (Bhaktivedanta, Swami Prabhupada, Krsna).

Wartet solch ein Vimana möglicherweise in den unterirdischen Anlagen des Sree Padmanabhaswamy Tempels von Thiruvnanthapuram auf seine Entdeckung? Der Maharadscha lächelte milde auf diese, meine Frage: „Mein Herr, Sie werden sicher verstehen, dass ich Ihnen die Existenz einer solchen Maschine nicht einfach so bestätigen kann. Dementieren jedoch will ich sie ebenso wenig."

Abb. 28: Goldene Schalen und Gefäße.

Abb. 29: Sri Padmanabhaswamy Tempel.

Abb. 30: Der Autor im Gespräch mit dem Maharadscha von Travancore.

Abb. 31: Goldene Ketten.

Abb. 32: Goldschälchen und goldene Muscheln.

Ramalinga Swami – Der unsterbliche Meister aus dem Süden

Indien hat dem Westen zahlreiche Weisheitslehrer beschert – Yogananda, Krishnamurthi und Sri Aurobindo beeinflussten europäische Intellektuelle bereits Anfang des 20. Jahrhunderts. Bei Maharishi Mahesh Yogi fanden die Beatles Inspiration, die Lehren von Osho und Sai Baba prägten ganze Generationen westlicher Wahrheitssucher. Im Schatten dieser berühmten Weisheitslehrer stehen weniger bekannte Meister, die gleichwohl in Indien aufgrund ihrer Lehren und ihres Lebenswandels bis heute hohe Verehrung genießen. Einer von ihnen ist Sri Ramalinga Swami, auch Vallalar genannt. Er kam am späten Nachmittag 05. Oktober 1823 als fünftes Kind der Eheleute Ramayya Pillai und Chinnamai zur Welt. Seine Eltern waren Shivaiten (Anhänger des Hindugottes Shiva), und erzogen ihre Kinder in dessen Tradition. Ein halbes Jahr nach der Geburt Ramalingas starb sein Vater, der als Buchhalter gearbeitet hatte. Auf der Suche nach besseren Lebensbedingungen zog die Familie nach Madras (heute Chennai), wo Ramalinga in den nächsten Jahren aufwuchs. Sein ältester Bruder Sabapathy Pillai musste für den Unterhalt der Familie aufkommen. Er verdiente sein Geld mit religiösen Unterweisungen.

Im Alter von fünf Jahren begann auch für Ramalinga der Unterricht. Sabapathy Mudaliar, ein bekannter Gelehrter aus der heiligen Tempelstadt Kanchipuram, sollte ihn ausbilden. Zum Verdruß seiner Familie zeigte sich der Junge gänzlich uninteressiert an den Studien, und verfasste lieber Gedichte, die allerdings schon zu dieser Zeit sehr große Resonanz fanden. Nicht umsonst zählt Sri Ramalinga Swami bis heute zu den bedeutendsten Poeten Südindiens.

Erst später sollten Angehörige und Lehrer gewahr werden, dass Ramalinga keineswegs ein unbegabter Faulpelz war. Der Unterricht unterforderte ihn – er trug dieses Wissen bereits in sich. Seine Lehrer vermochten einfach nicht, ihm noch etwas Neues beizubringen. Doch bis zu dieser Erkenntnis war es ein harter Weg. Insbesondere Ramalingas ältester Bruder zeigte sich von den Leistungen des Jungen enttäuscht, und drohte sogar, ihn aus dem Hause zu werfen, falls er sich nicht anstrenge. Er änderte seine Meinung erst, als Ramalinga ihn bei einem religiösen Diskurs mit großem Bravour vertrat. Sabapathy Pillai war erkrankt und konnte seine Vorlesungen nicht halten. Auf Empfehlung seiner Frau schickte er den jüngeren Bruder, um die Studenten nicht zu enttäuschen. Mit seinem Vortrag zog der Junge die Zuhörer so in seinen Bann, dass sie sich entschieden, fortan ihn als Vortragenden anzunehmen. Schließlich erkannte auch Sbapathy

Pillai das außergewöhnliche Talent seines Bruders. Zu dieser Zeit war Sri Ramalinga Swami neun Jahre alt. In den darauffolgenden Jahren erlangte durch Meditationen und hingebungsvolle Übungen weiteres, außergewöhnliches Wissen, so dass Ramalinga Swami ab seinem zwölften Lebensjahr von seiner Umgebung bereits als Weisheitslehrer akzeptiert wurde.

Im Jahr 1849 traf er auf den Gelehrten Thozhvur Velayutha Mudeliar, einen damals siebzehnjährigen, ehrgeizigen, jungen Mann. Dieser legte ihm einhundert Gedichte vor, welche er selbst im Stil der historischen Sangam-Literatur verfasst hatte. Jedoch behauptete Mudeliar, dass es sich hierbei um alte Verse handele. Sri Ramalinga erkannte auf den ersten Blick, dass die Texte von einem Anfänger verfasst worden waren, dem es sogar an grundlegenden Kenntnissen der Grammatik mangelte. Velayutha blieb nichts anderes übrig, als zuzugeben, dass er selbst der Autor dieser Werke sei. Er bat darum, Sri Ramalingas Schüler zu werden, was dieser auch akzeptierte.

Den Gepflogenheiten seiner Zeit gemäß wurde Sri Ramalinga Swami bereits im Alter von 19 Jahren verheiratet, obwohl ihm ein asketisches Leben wohl bei weitem lieber gewesen wäre. Aus Verantwortung gegenüber seiner Familie beugte er sich aber dem Wunsch der Verwandten nach einer Eheschließung. Er heiratete schließlich Dhanammal, die Tochter seiner eigenen Schwester. Aus ihrer Verbindung gingen jedoch keine Nachkommen hervor, so dass es ganz gut sein kann, dass diese Ehe niemals wirklich vollzogen wurde.

In diesen Jahren engagierte sich Sri Ramalinga Swami als Schriftsteller. Er verfasste die Prosawerke „Manumuraikanda Vachagam“ und „Juvakurunya Ozhukkam“.Außerdem entstanden drei Bücher mit Poemen und Liedern unter den Titeln „Ozhivilodukkam“, „Thondaimandala Sathakam“ und „Chinmaya Deepikai“.In der von ihm verlegten Zeitschrift „Forward“ erschienen auch die Werke befreundeter Gelehrter.

Im Jahr 1858 erschien es Ramalinga Swami an der Zeit, sich aus dem hektischen Großstadtleben zu verabschieden. Er suchte die Kraft eines spirituellen Ortes und wollte nicht mehr länger in einer Welt leben, die zunehmend laut und zu materialistisch wurde. Ramalinga Swami unternahm eine Pilgerreise zum berühmten Thillai Tempel von Chidambaram. Dort traf er Venkata Reddiar, einen Mann, der von seinen Studien tief beeindruckt war, und ihm in den kommenden Jahren sehr zur Seite stehen sollte. Reddiar bot Ramalinga ein Haus in Karunkuzhi an, einem kleinen Ort in der Nähe des Städtchens Vadalur. Dort verbrachte Sri Ramalinga Swami die Zeit von 1858 bis 1867. In diesen Jahren verfasste er zahlreiche Gedichte und vertiefte seine Studien. Es wird berichtet, dass eines Nachts, als der Gelehrte ein weiteres Gedicht schrieb, die Öllampe zu verlöschen drohte, welche den Raum erhellte. Vertieft in seine Arbeit, goß Ramalinga Swami Brennstoff nach. Doch es war kein Öl. Er hatte versehentlich Wasser in die Lampe geschüttet. Die Lampe leuchtete dennoch weiter.

In Karunkuzhi begann Ramalinga Swami, sich sozial zu engagieren. Das Los der einfachen, hart arbeitenden, armen Menschen lag ihm am Herzen. Er wollte ihre Leiden lindern, ebenso der Alten und Kranken. Über Ramalinga Swami wird berichtet, dass sein Antlitz von einem Schatten beständiger Sorge überschattet war, so sehr rührte ihn das Leid der Anderen. Daher nannten ihn die Menschen Thiru Arutprakasa Vallalar (den großherzigen Gelehrten). Doch er sann auf Wege, dieses Leid zu überwinden. Im Jahr 1865 entstand eine von ihm ins Leben gerufene Bewegung mit dem Namen Samarasa Suttha Sathiya Sanmarga Sangam, um seine Lehre von einem ewig glückseligen Leben zu verbreiten. Die von ihm verkündeten Prinzipien lassen sich wie folgt zusammenfassen:

Es gibt nur ein allmächtiges, göttliches Prinzip.

Die wahre Natur dieses Allmächtigen ist das ewige, reine, göttliche, geistige Gnadenlicht – Arut Perun Jothi genannt.

Dieses göttliche Prinzip ist der Ursprung aller von den Menschen angebeteter Götter und Halbgötter.

Keine Religion dieser Welt ist in der Lage, die transzendente Wahrheit des Allmächtigen vollkommen zu offenbaren. Religionen erkennen nur einen Teil der ewigen Wahrheit.

Jeder Mensch ist in der Lage, das göttliche Prinzip auf seine ganz eigene, individuelle Weise zu erkennen und zu leben.

Bedingungslose Liebe und die Annahme des Lebens, so wie es sich uns darbietet, sind der Schlüssel zur Erlösung.

Menschen oder Tiere zu töten, ist widernatürlich.

Der Tod ist nicht das Ende.

Statt Fleisch und Fisch zu essen, ist es besser, vegetarische Nahrung zu bevorzugen. Sie ist gesund für unseren Körper, unsere Seele und unseren Geist.

Handele gegenüber jedem anderen Menschen stets so, wie Du Dir selbst gegenüber handeln würdest. Es gibt keinen Unterschied zwischen den Menschen, egal welche Hautfarbe sie haben, welcher Religion sie anhängen, aus welchem Land und aus welchen Verhältnissen sie kommen, ob sie arm oder reich sind. Behandele alle gleich ohne Unterschied, denn alle unsere Seelen sind gleich und miteinander verbunden. Alles Leben ist ein Leben, alle Welt ist eine Welt. Der Allmächtige trennt das Leben vom Leid. Von wem das Leid getrennt wird, der wird unsterblich sein.

Für Ramlinga Swami gab es kein schmerzvolleres Leiden als den Hunger. So war es ihm ein großes Bedürfnis, den Hungrigen zu helfen. Nach seiner Auffassung sollte jeder moralisch verpflichtet sein, Hungernde zu verköstigen, ganz so, als ob man den Allmächtigen selbst beköstige. Ebenso sollte es selbstverständlich sein, alle lebendigen Wesen vor Leid und Schmerz zu bewahren, niemandem gegenüber Unrechtes zu denken, zu sagen oder zu tun. Dieses Prinzip wird Jeevakarunya Ozhukkam genannt. Es versteht sich als mitfühlender Dienst gegenüber dem Leben. Wer dieses Prinzip lebt, vermag sich der ewigen Glückseligkeit zu öffnen.

Der Tod war für Ramalinga Swami etwas Widernatürliches. Er sah ihn als die einzige Strafe an, welche dem Menschen auferlegt werden kann. Dabei sei die Ursache des Todes aber nicht im körperlichen Verfall, sondern vielmehr in der Unreinheit der Gedanke, Worte und Taten eines Menschen sowie seiner Lebensweise und mangelnden Offenheit gegenüber der geistigen Welt zu suchen. Der bloß auf Äußerlichkeiten bedachte Körperkult unserer Zeit wäre Ramalinga Swami wohl ein echter Graus. Nach seiner Auffassung sollten tote Körper auch nicht verbrannt, sondern schlicht begraben werden. Irgendwelche Riten oder Zeremonien einer wie auch immer gearteten Religion sind dafür nicht notwendig.

Im Mai 1867 weihte Ramalinga Swami das Dharum Salai ein, ein Seminar, welches bis heute besteht, und sich neben der Weitergabe der Lehren Vallalars vor allem der Verköstigung Bedürftiger verpflichtet sieht. !872 dann wurde nach den Prinzipien des Vasthu die Sathia Gnana errichtet, die achteckige Halle der Weisheit. Sie gilt als Abbild unseres physischen Körpers und des Universums, denn nach der Auffassung Ramalinga Swami ist unser Körper ein winziges Abbild des gesamten Universums. Die Struktur der Sathyia Gnana soll es den Menschen ermöglichen, hier Anhaftungen des Maya wie Wut, Wollust, Habsucht, Neid, und Lüge loszulassen, um fähig zu werden, das Göttliche Licht im Inneren Selbst wahrnehmen zu können. Diese Erfahrung wird symbolisch in der Sathyia Gnana dargestellt. Nacheinander werden vor einem Licht sieben verschiedene, farbige Filter entfernt, so dass sich schließlich das Göttliche Licht Arut Perun Jothi als blendender Glanz offenbart. Dieser „Jothi Darshan" findet bis heute aller 27 Tage statt. Jedes Jahr im Januar oder Februar wird zu einem Vollmondtag ein ganz besonderes Fest zu Ehren des Göttlichen Lichtes zelebriert. An jenem Tag ist es sehr leicht, in der Sathya Gnana selbst die segensreiche Wirkung des

Arut Perun Jothi zu erfahren. Sri Ramalinga Swami verehrte in seinem Ashram dieses göttliche Licht der wahren Weisheit [Sathya Gnana Deepam] gemeinsam mit seinen Anhängern. Dieser Brauch hat sich bis in unsere Tage erhalten.

Am 22.10.1873 hisste Sri Ramalinga Swami in seinem Ashram die Sanmarga-Fahne. Diese Gelb-Weiße Flagge verhieß, dass er nun den ewigen, glückseligen, unsterblichen Körper sein Eigen nannte. Sanmargi nennt man eine solche Person, die in der Lage ist, ohne zeitliche Begrenzung zu existieren. Gottheiten, Religionsgründer und Heilige – sie alle sind gestorben. Nur sehr wenigen Menschen ist es bislang gelungen, das ewige Leben zu erreichen, ohne den physischen Körper vorher sterben zu lassen. Im Westen gilt der Graf von Saint Germain als einer dieser Meister, in Indien ist es Ramalinga Swami. Er verkündete seinen Anhängern:

Jeder kann das unsterbliche Leben durch die Gnade des Arut Perun Jothi erreichen.

Wenn unsere Seele von Mitleid erfüllt ist, und unser Ego verschwindet, dann sind wir bereit für die Gnade des Allmächtigen.

Wenn wir uns als Einheit mit allen anderen empfinden, eins sind mit allen Seelen und allem Leben, dann leben wir auch die allumfassende Liebe und Barmherzigkeit.

Um dieses Gefühl der Einheit mit allem Lebendigen zu entwickeln, ist es notwendig, die Illusionen und Unterscheidungen gegenüber allem anderen Leben loszulassen.

Die Zugehörigkeit zu Religionsgemeinschaften, Ritualen und Kasten, die Bevorzugung der eigenen Sprache und des eigenen Herkommens gegenüber anderen sind die Barrieren für ein Mitleid empfindendes Leben.

Das Töten anderen Lebens und der Verzehr von Fleisch sollte um jeden Preis vermieden werden.

Demnach führt das Fühlen von Einheit zu einem Mitleid empfindenden Leben. Dieses Leben wiederum führt zur Gnade des Allmächtigen und die Gnade des Allmächtigen verleiht ein glückseliges, ewiges Leben.

Ramalinga Swami durchlief in seiner spirituellen Entwicklung mehrere Transformationen. Zunächst erreichte sein Körper den Zustand des Sutha Degam, der völligen Reinheit, welche mit Gold verglichen wird. Danach erfolgte die Verwandlung in den Gnana Degam, den Körper aus reinem Wissen und reiner Energie. Dieser Seinszustand kennt keine Grenzen oder Beschränkungen. Sri Ramalinga sagte darüber:

„Ich bin der älteste Sohn des Arut Perun Jothi. Mein Vater, Du gabst mir die ganze Kraft, um die fünf großen Berufungen (Erschaffung, Erhaltung, Zerstörung, Verklärung und Seligkeit) bestehen zu können, und die ganze Kraft, alles zu tun „

Zu jener Zeit versuchte ein englischer Fotograf, das Leben Ramalinga Swamis im Bild zu dokumentieren. Was er auch unternahm, ihm gelang keine einzige Fotografie des Meisters. Es schien so, als ob der Film gar nicht belichtet worden sei. Doch Sri Ramalinga erklärte, dass, wenn ein Körper in den Zustand des Gnana Degam transformiert sei, dieser Körper keine physischen Spuren mehr hinterlassen würde. Er hat dann keinen Schatten mehr, und ist auch nicht mehr durch materielle Hindernisse wie Mauern oder Zäune begrenzbar. Ein solcher Körper ist ewig und unzerstörbar. Obwohl Menschen ihn nach wie vor wahrnehmen können, ist er bereits nicht mehr von dieser Welt. Es ist überliefert, dass Sri Ramalinga all diese Qualitäten besaß. Seit Oktober 1873 nahm er keine Nahrung mehr zu sich, und trank auch keinerlei Flüssigkeit.

Am 30. Januar 1874 verabschiedete sich Sri Ramalinga Swami von seinen Schülern, und zog sich in sein Zimmer zurück. Er verkündete ihnen, dass für die kommende Nacht der Raum verschlossen bleibe, egal, was sie auch unternehmen würde. Am nächsten Tag zu Sonnenaufgang werde das Zimmer wieder offen sein, doch er nicht mehr da. Genauso, wie es Vallalar prophezeit hatte, sollte es geschehen. Seine Schüler fanden ihn nicht mehr vor, als sie am nächsten Morgen ins Zimmer drängten. Doch Sri Ramalinga hatte ihnen ein Zeichen versprochen, sofern die endgültige Transformation erfolgreich war. Seine Öllampe sollte sich ohne weiteres Zutun entzünden, und niemals mehr erlöschen. Die Lampe entflammte in dem Moment, als die Studenten den Raum betraten, und hat seither nicht aufgehört zu leuchten, obwohl nie Öl nachgegossen werden musste. Seit mehr als dreißig Jahren steht das ewige Licht des Arut Perun Jothi inzwischen unter einem luftundurchlässigen Glaskasten. Die Ewige Flamme leuchtet nach wie vor. Jeden Tag zwischen 11.30 Uhr und 12.00 Uhr wird sie Besuchern und Gläubigen in der Sathyia Gnana gezeigt.

Dann erklingt Sri Ramalingas Mantra, gesungen von Männern, Frauen und Kindern:

„Om Arut Perun Jothi!"

Abb. 33: Im Ashram von Ramalinga Swami.

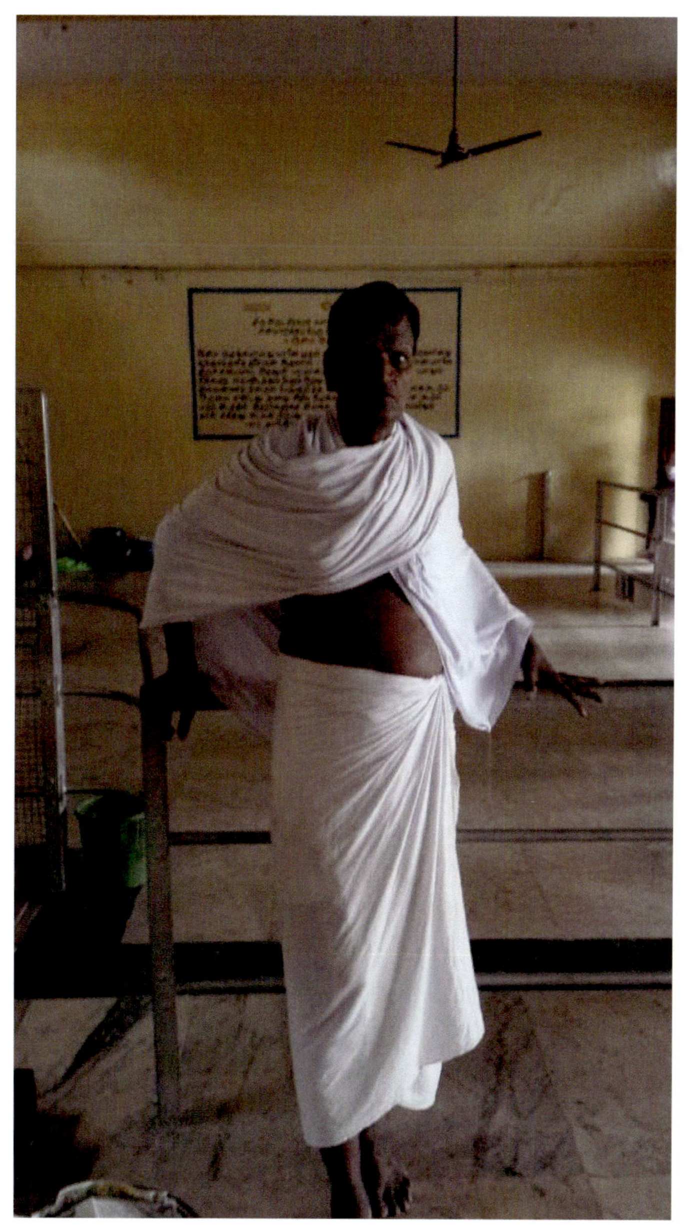

Abb. 34: Hüter des Ashrams.

Rendezvous mit dem Schicksal – Zu Besuch in der Palmblattbibliothek von Delhi

Wenn Ihnen jemand in einem weit entfernten, fremden Land offenbaren würde, dass er Ihre persönliche Vergangenheit, Gegenwart und Zukunft kennt, indem er sie aus in Sanskrit oder Tamil verfassten Schriften lesen könne, die auf uralten Palmblattmanuskripten geschrieben stehen – würden Sie ihm glauben? Wahrscheinlich nicht.

Dennoch gibt es sie, die geheimnisvollen indischen Palmblattbibliotheken. Die Urschriften der dort aufbewahrten Palmblätter wurden von einer Gruppe mythologischer Wesen – den Rishis – verfasst, die etwa 5000 v. Chr. gelebt haben sollen. Der Überlieferung zufolge nutzten die Rishis ihre spirituellen Fähigkeiten dazu, aus der Akasha-Chronik die Lebensläufe von mehreren Millionen Menschen zu lesen und schriftlich auf den getrockneten Blättern der Stechpalme zu fixieren. Das gesamte Leben dieser Menschen, von der Geburt bis zum genauen Zeitpunkt ihres Todes, wurde auf den Palmblättern in Alt-Tamil – einer Sprache, die heutzutage nur noch von wenigen Eingeweihten beherrscht wird – in eng geschriebenen Zeichen eingeritzt. Ein solches Palmblatt überdauert im Normalfall etwa 800 Jahre. Wenn es alt und brüchig geworden ist, wird eine Abschrift des Textes auf einem neuen Palmblatt angefertigt. Von der einstigen Urschrift existieren zwölf Kopien, die in ebenso vielen Bibliotheken in ganz Indien bewahrt werden. Etwa 10 Prozent der Palmblätter sollen Informationen über das Schicksal von Nicht-Indern enthalten. Jeder, der erfahren möchte, was das Schicksal für ihn bereithält, muss sich aber selbst nach Indien in eine der Palmblattbibliotheken begeben.

Eine dieser Schicksalsbibliotheken befindet sich im ansonsten nüchternen und bürokratisch knochentrockenen New Delhi. Das Haus, in dem die Bibliothek verwahrt wird, unterscheidet sich in nichts von den Nachbargebäuden in diesem Viertel, das vor allem Angestellte, Händler und kleine Beamte bewohnen. Kein Hinweisschild, keine Werbung, nichts, das dem neugierigen Fremden den Weg weisen könnte macht auf diesen besonderen Platz aufmerksam.

Doch mein einheimischer Begleiter ist zuversichtlich. Hier werden wir die „Nadi Agasthya Jythida Nylayam", die Palmblattbibliothek des Rishis Agasthya finden. Zunächst geht es über steile Stufen zwei Stockwerke hinauf. Und dann stehe ich tatsächlich in den Räumlichkeiten der Bibliothek. Indische Götterbilder hängen an den Wänden, der aromatische Duft von Räucherstäbchen zieht durch die Räume. Auf einfachen Sitzgelegenheiten warten mit mir ausschließlich Einheimische auf ihr „Nadi Reading", wie die Schicksalslesung hier genannt wird. Die Termine in der Palmblattbibliothek sind meist auf Monate im Voraus vergeben und nur meinem rührigen indischen Begleiter und seinen zahlreichen Bekanntschaften verdankte ich überhaupt diesen Termin. Trotzdem die Palmblattleser und Assistenten ihre Arbeit ruhig und voller Würde verrichteten, geht es in der Bibliothek geschäftig zu wie in einem Bienenstock. Hier wurden von den Helfern die notwendigen persönlichen Angaben der Klienten notiert, dort kamen Nadi-Reader mit Palmblattbüchern aus dem nur für Eingeweihte zugänglichen Archiv der Bibliothek. Überall erklangen die Stimmen der Palmblattleser, welche in einem ganz eigentümlich schönen, rhythmischen Sprechgesang die alttamilischen Texte rezitierten. Ich machte mich auf stundenlanges Warten gefasst und nahm im Schatten des luftigen Vordaches auf einer hölzernen Bank Platz. Bald schon wandten mir einige der Wartenden ihre Aufmerksamkeit zu. Doch kaum hatte ich die ersten Fragen nach dem woher und wohin beantwortet, da erschien ein Palmblattleser und bat mich zu seinem Assistenten. Ram war für die Aufnahme der Personalien zuständig. Um das Palmblatt eines Ratsuchenden aufzufinden, benötigten die Nadi-Reader zunächst den kompletten Namen und den Abdruck des Daumens. Dabei wurde der Daumenabdruck je nach Geschlecht des betreffenden Klienten unterschiedlich abgenommen. Die Herren gaben den Abdruck des rechten Daumens, die Damen den des linken Daumens. Dies verwunderte mich nun doch ein wenig, gilt doch in Indien die linke Hand allgemein als „unrein", da sie für alle Tätigkeiten unterhalb der Gürtellinie benutzt wird, und in den ärmeren Bevölkerungsschichten auch heute noch das Toilettenpapier ersetzt. Doch für das Orakel schienen für die Fragen die rituelle Reinlichkeit ganz offensichtlich nur eine untergeordnete Bedeutung zu haben. Ram erklärte mir, dass diese Art der Personalienaufnahme aller Ratsuchenden einst durch den Rishi Sri Agasthya persönlich angeordnet worden sei. Nach dieser Auskunft machte er sich auf, um im Archiv nach meinen Palmblättern suchen. Sobald sie gefunden sind, würde das eigentliche Nadi-Reading beginnen.

Der Palmblattleser Kamraj erklärte mir, dass er aus all jenen Palmblattmanuskripten, die eine bestimmte Affinität zu den vorhandenen Angaben – also dem Daumenabdruck, meinem Namen und der astrologischen Konstellation, unter der ich diese Palmblattbibliothek aufgesucht hatte – die jeweils bedeutendsten, die Vergangenheit betreffenden Aussagen vorlesen würde. Konnte ich diese Aussagen bestätigen, wurde mit der Lesung fortgefahren Trafen die Aussagen nicht zu, wurde das Palmblatt verworfen und ein neues Manuskript gelesen. Letztlich ging es darum, meinen Namen und das Geburtsdatum sowie die Namen und ihrer Eltern zu verifizieren. Stimmten diese mit den Informationen des Palmblattes überein, war das zutreffende Manuskript aufgefunden. So ergab sich eine Art von Frage-und-Antwort-Spiel, bei dem sich Kamraj durch Rückfragen vergewisserte, ob die auf den Palmblättern angegebenen Daten – die sich sämtlich auf die Vergangenheit und die momentanen Lebensumstände bezogen – mit der Realität übereinstimmten. Nachdem Kamraj bereits einige Blätter verwerfen musste, da deren Aussagen zutrafen, war es soweit.

„Sie sind bei ihrer Mutter aufgewachsen, die nicht verheiratet ist. Der Name Ihrer Mutter ist Ursula."

Das stimmte.

„Der Name Ihres Vaters ist Gottfried. Ihr Vater ist im Monat November des Jahres 1994 verstorben."

„Das trifft zu."

„Sie haben studiert, und beschäftigten sich dabei mit Gesetzen, mit dem geschriebenen Recht ihres Landes. Dieses Studium haben sie nicht abgeschlossen."

„Ja."

„Derzeit führen Sie Ihr eigenes Geschäft. Sie veranstalten Reisen und schreiben Bücher."

Auch dies traf zu.

„Ihr erster Name ist Thomas."

Ich konnte nur nicken.

„Dann habe ich mich nicht getäuscht", sagte der Palmblattleser. „Dies hier ist Ihr Palmblatt. Anhand dieses Palmblattes, das ich als Ihre Karteikarte bezeichnen will, ist es nun möglich, alle Informationen, die Ihr Leben betreffen, in unserem Archiv aufzufinden", ließ mich der Nadi-Reader wissen. „Dort existiert für Sie ein Palmblattmanuskript, das aus 12 allgemeinen Kapiteln besteht, die Khandams genannt werden. Diese Khandams beschreiben die einzelnen Lebensbereiche eines Individuums Außerdem gibt es vier weitere, spezielle Khandams, die sich mit besonderen Fragen befassen. Dieses Palmblattmanuskripte aber bekommt kein Klient, sei er nun Hindu oder nicht, zu sehen. Sie sind nur den Nadi-Readern zugänglich. Heute wird für Sie das erste Kapitel des Palmblattes geöffnet. Es enthält allgemeine und weit gefasste Informationen über ihr gesamtes Dasein in dieser Inkarnation sowie über das ihrer Familie bis hin zu Tag, an dem sie ihren irdischen Körper verlassen wird. Ich schreibe den Text des ersten Khandams dann in ein speziell für diesen Zweck bestimmtes Heft in der Schrift des heutigen Tamil nieder. Anschließend liest einer meiner Assistenten den Text nochmals laut vor. Diese Lesung in Englisch wird dann aufgenommen." Und so geschah es. Auf sechs engzeilig beschriebenen Seiten des Heftes fand sich die englische Wiedergabe des ersten Kapitels aus meinem Palmblattmanuskript.

Unter anderem hieß es hier:

„Sri Agasthya Maharshi sagt in diesem Palmblatt, dass du auf diese Welt zurückgekehrt bist, obwohl sich der Zyklus deiner Leben bereits vollendet hatte. Du kamst, um anderen Menschen bei ihrer Entwicklung zu helfen.

Deine besondere Stärke ist die Kommunikation mit anderen Menschen - du schreibst, du reist und du berätst andere Menschen. Dies ist deine Aufgabe in diesem Leben.

Du wirst für andere da sein, die auf der Suche nach ihrem Weg sind und wirst ihnen helfen, diesen eigenen Weg zu finden. Du organisierst Reisen und Seminare. Damit verdienst du auch deinen Lebensunterhalt.

Auch wirst du mit den Ideen, die du in deinen Büchern verbreitest, nicht nur Freunde gewinnen, sondern auch Gegner. Dies werden jene sein, die sich den Wandlungen des Lebens entgegenstellen, weil sie verkennen, dass das Bild, welches sie sich von der Welt machten, nicht die Wahrheit ist. Für sie bedeutet die materielle Welt des Kali Yuga Macht und in der Macht sehen sie den Sinn ihres Lebens. Aber du bist gekommen, um Veränderung zu bringen und den Menschen zu helfen, sich aus den Fesseln der Materie zu befreien.

Du wirst in den kommenden Jahren noch mehr dem Schreiben zuwenden als bislang. Viele wichtige Anregungen und Inspiration wirst er aus den vedischen Texten und den Epen Indiens beziehen. Du wirst deine Kenntnisse und dein Wissen in Seminaren, Vorträgen und Büchern weitergeben.

Doch du wirst auch sehr viel reisen in den nächsten Jahren, um deine Kenntnisse von der Welt und den alten Wissenschaften zu erweitern. Auf deiner Suche wird es dir gelingen, zunächst auf spirituellem Wege, doch in späterer Zeit auch körperlich, die Tore zu anderen Welten zu durchschreiten und an dem Wissen der Wesen dieser Welten teilzuhaben.

Du wirst jedoch auch auf Reisen gehen, um anderen Menschen die Möglichkeit zu geben, solche Erfahren zu machen, die du selbst gemacht hast. Du wirst für andere Reisen organisieren und sie auf diesen Reisen begleiten."

Weitergehende Ausführungen zu einzelnen Lebensbereichen sind den folgenden Kapiteln des Manuskriptes vorbehalten. Insgesamt sind in der Bibliothek von Delhi mehrere - um genau zu sein, insgesamt bis zu 16 - Nadi-Readings - möglich, wenn man den Inhalt aller Kapitel einschließlich der speziellen Khandams erfahren will. Nach der ersten Palmblattlesung können die folgenden Kapitel jedoch zumeist erst in einem zeitlichen Abstand erfragt werden, der zwischen mehreren Tagen und einigen Monaten schwankt. Nach Ablauf dieser Frist ist es dann möglich, den Inhalt des nächsten Khandams zu erfahren. Diese Kapitel befassen sich detailliert mit einzelnen Lebensbereichen - so wird im zweiten Khandam über die Ausbildung, berufliche Karriere und das persönliche Vermögen des Klienten berichtet, während sich das fünfte Kapitel ausschließlich mit dem Schicksal der Kinder des Ratsuchenden auseinandersetzt oder aufzeigt, aus welchen Gründen es dem Klienten nicht möglich ist, in diesem Leben Kinder zu bekommen. In diesem Zusammenhang werden auch Möglichkeiten zur Erfüllung eines bestehenden Kinderwunsches aufgezeigt, von medizinischer Hilfe bis hin zur Adoption. Im siebenten Khandam werden Informationen zu Liebe, Beziehungen und Partnerschaft gegeben sowie das Geburtshoroskop des idealen Partners in diesem Leben benannt. Die Aussagen können so präzise sein, dass sie sogar den genauen Ort und den Zeitpunkt der ersten Begegnung mit dem Lebenspartner bezeichnen. Das achte Kapitel enthält Angaben zu gesundheitlichen und anderen Risiken der persönlichen Existenz und den Möglichkeiten ihrer Verhütung. Außerdem werden in diesem Kapitel der genaue Zeitpunkt, die Umstände und der Ort des eigenen Todes benannt. Das neunte und das elfte Kapitel hingegen widmen sich ausschließlich spirituellen Fragen, so etwa dem Sinn der Existenz in diesem Dasein und den zu erfüllenden geistigen Aufgaben. In diesem Zusammenhang werden auch Aussagen über die Möglichkeiten der persönlichen spirituellen Entwicklung durch das Studium bei einem auserwählten Meister oder die Zugehörigkeit zu einer bestimmten Religionsgemeinschaft erörtert. Ebenso stehen Reisen zu heiligen Orten sowie Anleitung zu bestimmten yogischen oder tantrischen Übungen im Mittelpunkt vor allem des neunten Kapitels. Das zwölfte Khamdam gibt darüber hinaus Hinweise auf den Zeitpunkt und den Ort der nächsten Inkarnation oder die Möglichkeit, nach Vollendung des gegenwärtigen Lebens Moksha, also Erlösung vom Kreislauf der irdischen Wiedergeburten, zu erlangen.

Die Basis einer solchen Palmblattlesung, des „Nadi-Readings" ist die Lehre vom Shuka-Nadi. Dabei steht „Shuka" für göttliche Weisheit und „Nadi" für einen bestimmten Augenblick der Zeit. Diese Lehre beruht auf der Wahrnehmung von Vergangenheit und Zukunft jenseits unseres herkömmlichen Raum-

Zeit-Begriffes. Darauf aufbauend, soll das Shuka-Nadi eine lebensberatende Funktion ausfüllen.

Die Kunst des Nadi-Reading ist bereits seit Jahrtausenden fest in der Hindu-Religion integriert. Als Zentrum des Shuka-Nadi galt ursprünglich die alte Stadt Trichy in Südindien. Dort soll der Rishi Agasthya, welcher auch als Begründer der tamilischen Sprache gilt, mittels einer eigens dafür geschaffenen Schrift die Urtexte jener Palmblätter angefertigt haben, deren Kopien noch heute auch in Delhi für die Ratsuchenden bereitliegen. Im Lauf der Jahrhunderte verlagerte sich das Zentrum des Shuka-Nadi von Trichy nach Tanjavur, da sich dieser Ort mehr und mehr zum spirituellen Zentrum der Region entwickelte.

Nach der Lehre des Shuka Nadi existieren neben unserer dreidimensionalen Welt noch weitere, sehr komplexe Ebenen oder Dimensionen. Diese sind transzendent und mit unserer Wirklichkeitsebene auf eine bestimmte Weise miteinander verschachtelt. Normalerweise beeinflussen sich diese Ebenen nicht gegenseitig, daher können sie auch nicht wahrgenommen werden. Nur bei Veränderungen oder der Störung des Gleichgewichts dieser Sphären werden sie auch von weniger sensitiven Menschen bemerkt. Vorahnungen oder auch das kurzfristige Versetzen in andere Zeitebenen sind die Auswirkungen dieser Phänomene. Nach dieser Auffassung sind nicht nur individuelle Schicksale in der Akasha-Cchronik gespeichert, sondern alle Ereignisse der Menschheitsgeschichte. Es heißt, dass sich jeder Mensch und jedes Geschehen in der Akasha-Chronik wiederfindet. Die Akasha-Chronik enthält mithin also alles, was in diesem Universum war, was ist und was jemals sein wird. Für jemanden, der es gewohnt ist, in den westlichen Maßstäben des Verständnisses von Raum und Zeit zu denken, wird diese Aussage sicher nur sehr schwer nachvollziehbar sein. Sie basiert auf einem völlig anderen Zeitbegriff - nicht auf der linearen Abfolge von Ereignissen, welche das Abendland als Geschichte begreift, sondern auf einer Art von Zeitlosigkeit, die sich als Gleichzeitigkeit aller Ereignisse und Prozesse im Universum manifestiert. Die „Zeit", so wie wir sie begreifen und „messen", ist demnach nichts anderes ein von unserem Gehirn kreiertes Ordnungssystem, mit dem es uns erst möglich wird, sich in Raum und Zeit - also dem gleichzeitigen Ablauf aller Ereignisse - zu orientieren. Im Folgenden soll ein recht einfacher, bildhafter Vergleich benutzt werden, der sich an unserem westlichen Zeitverständnis orientiert, um zu erklären, wie es den Rishis gelang, die Schicksale bestimmter Personen aus der Akasha-Chronik zu lesen. Stellen wir uns also die Zeit als einen gigantischen Strom vor, der sich aus der Vergangenheit von einer imaginären Quelle – der Einfachheit halber wollen wir sie mit dem Urknall, dem Beginn unseres Universums gleichsetzen – über die sich ständig im Fluß befindliche „Gegenwart" in die Zukunft bewegt, bis hin zu jenem fernen Punkt, an dem das Universum einmal aufhören wird zu existieren, dem Savarjana Beeja (das Ende aller Form) der indischen Kosmologie. Stellen wir uns dieses „Ende aller Form" deshalb als einen gigantischen Ozean vor, in den der Strom der Zeit mündet. Wir schwimmen wie alle anderen Wesen auch für einen bestimmten Abschnitt in diesem Strom der Zeit - tauchen an einer Stelle auf, um nach dem Ablauf unserer Lebensspanne wieder darin zu versinken. Dabei ist es für diese Erklärung erst einmal nicht notwendig, weiter zu diskutieren, ob wir nun nur einmal in diesem Strom auftauchen, wie es das westliche Verständnis von Geburt und Tod aussagt oder ob wir, gemäß der östlichen Lehre der Wiedergeburt, viele tausend Male in verschiedenen Abschnitten dieses Flusses der Zeit schwimmen. Als Schwimmer in diesem Zeitstrom ist unser Blickfeld natürlich stark eingeschränkt, so dass wir immer nur einen sehr geringen Teil der Strecke wahrnehmen, die vor uns liegt. Dies mögen im Einzelfall jeweils wenige Stunden, Tage oder allenfalls Wochen sein Nur für diesen kurzen Abschnitt ist es uns möglich, unser Leben wirklich zu überschauen und entsprechend zu agieren, statt nur zu reagieren. Weiter reicht unser Blick nun einmal nicht in die Zukunft. Es hat jedoch in allen Epochen der Geschichte Menschen gegeben, denen es möglich war, diese engen Begrenzungen zu überwinden. Stellen wir uns vor, dies seien jene Schwimmer im Strom der Zeit, denen es gelungen ist, den Fluss zu verlassen und an dessen Ufern zu wandeln. Wenn sie flussabwärts entlang des Stromes gingen, mochte es sein, das sie ein wenig schneller waren als die Strömung der Zeit, in der alle anderen dahintrieben. So war es diesen einsamen Wanderern am Rande der Zeit möglich, eher als alle anderen die Untiefen (Verflachung des geistigen Lebens, Versinken in der Welt der Materie), die Stromschnellen (Kriege und Naturkatastrophen) und auch die toten Seitenarme (gescheiterte persönliche oder gesellschaftliche Entwicklungen) im Strom der Zeit zu erkennen. Die Menschen, denen das gelang, waren zu allen Zeiten als Wahrsager oder Propheten bekannt. Michael de Notre Dame, genannt Nostradamus, und der Amerikaner Edgar Cayce gehörten zu ihnen. Anderen Wesenheiten jedoch gelang es, sich über dem Strom der Zeit emporzuschwingen und aus der Höhe mit scharfem Blick zu überschauen, was in dem mächtigen Fluss der Zeit vor sich ging. Und irgendwann befanden sich diese Wesen so hoch über dem Strom der Zeit, dass sie ihn von seiner Quelle (der Entstehung des Universums) bis zu seiner Mündung (dem Ende aller Form) überschauen konnten. Aus dieser Position heraus brauchten sie nur noch die Ereignisse zu beschreiben, welche sich ihnen darboten, und die sie einer Aufzeichnung wert befanden. Aus einer solchen - natürlich rein geistig zu verstehenden - Position heraus mögen die Rishis einstmals all jene Informationen bezogen haben, die sie dann in den Texten der

Palmblattmanuskripte niederlegten. Diese Schilderung stellt nur ein bildhaftes Beispiel dar, doch hoffe ich, dass sie zu verdeutlichen hilft, welch brisante Informationen die Palmblattbibliotheken bergen. Es ist nicht mehr und nicht weniger als unser aller Fahrplan in die Zukunft, den die Rishis für uns aufgezeichnet haben.

Die Akasha-Chronik, welche in ihrer Eigenschaft als Weltgedächtnis den eigentlichen Grund für jegliche Zukunftsdeutung liefert, hat allerdings nicht ausschließlich beschreibenden Charakter. Sie gleicht vielmehr einer Art von virtuellem Speicher, der ständig Dinge und Ereignisse aufnimmt, die initialisiert oder verändert werden. Daher schreibt die Akasha-Chronik den Verlauf von Ereignissen nicht unausweichlich vor. Es ist vielmehr so, dass jeder Mensch durch die Kraft seiner Gedanken im Stande ist, aktiv an diesem Prozess teilzunehmen. Durch unsere Emotionen, unsere Gedanken, Worte und Taten setzen wir Ursachen, deren Auswirkungen wir später erleben. Die Hindus nennen dies Karma. Die Zukunftsdeutung ist in diesem Sinne ebenso wie die Akasha-Chronik lediglich Hilfsmittel zur Klärung von Ursachen, die in der Vergangenheit liegen und sich in der Gegenwart auswirken oder sich erst noch möglicherweise in der Zukunft auswirken werden. Die eigene Zukunft mittels einer Palmblattlesung zu kennen, bedeutet eben gleichzeitig auch, diese Zukunft beeinflussen zu können.

Angst, Panik oder das Festhalten am Althergebrachten in Anbetracht der bevorstehenden Veränderungen sind demnach die falschen Signale. Die Wendezeit, in der wir leben, hat gemäß den Aussagen der Schöpfer der Palmblattbibliotheken nichts Erschreckendes an sich. Sie ist vielmehr eine große Chance zur Weiterentwicklung jedes Individuums ebenso wie der gesamten Menschheit.

Eine solche Chance erhalten wir nur einmal in vielen Tausend Jahren. Nutzen wir sie!

Abb: 35: Palmblattmanuskript

Abb. 36: Palmblattbibliothek-Archiv.

Abb. 37: Im Archiv.

Abb. 38: Palmblattleser.

Abb. 39: Rishi beim Beschreiben der Palmblattmanuskripte.

Weitere Informationen zu den Büchern des Autors und seinen zahlreichen Reisen gibt es hier:

Thomas Ritter

Rundteil Nr. 14, D-01728 Possendorf

Tel./Fax: 00 49 – (0) – 3 52 06 – 2 33 99,

Mobiltelefon: 00 49 – (0) – 1 72 – 3 51 68 49

www.thomas-ritter-reisen.de

E-Mail: ritterreisen@aol.com

Begriffserläuterungen

Askese: strenge Enthaltsamkeit durch körperliche und geistige Selbstüberwindung zur Erlangung ethischer Ziele, übersinnlicher Fähigkeiten oder spiritueller Vollkommenheit.

Atman: Der göttliche Funke im Innern eines jeden Menschen – die Seele, das wirkliche SELBST.

Avatar: Der „Herabgestiegene"; Inkarnation Gottes, die in der materiellen Welt erscheint.

Brahma: Das erste erschaffene Wesen im Universum; ist als Halbgott für die interne Schöpfung des Universums zuständig.

Brahmane: Aus dem Sanskrit von brahmana; Angehöriger der obersten Kaste der Hindus.

C-14-Methode: Mitte der 60er Jahre begann man die Radiocarbon- oder 14C-Methode (umgangssprachlich C-14-Methode genannt) für die exakte Datierung archäologischer Funde zu nutzen. Der amerikanische Chemiker und Physiker Willard Frank Libby (1908 bis 1980) entwickelte die Radiocarbon-Methode zur Datierung abgestorbener organischer Stoffe wie Knochen, Holz oder Samen, die in prähistorischen Erdschichten oder Gräbern erhalten blieben. Dafür erhielt Libby 1960 den Nobelpreis für Chemie. Die von Libby entwickelte und bei weitem nicht unumstrittene Methode funktioniert folgendermaßen: In unserer Erdatmosphäre werden in ca. 15 Kilometer Höhe durch kosmische Strahlungen energiereiche Neutronen erzeugt. Trifft nun ein Neutron (n) auf ein Stickstoffatom (N), so wird durch Kernreaktion bei Abgabe eines Protons (p) ein radioaktives Kohlenstoffatom mit dem Atomgewicht 14 (14C) gebildet, das mit dem Luftsauerstoff (O2) zu Kohlendioxid (14CO2) oxidiert. Diese radioaktiven Kohlendioxidmoleküle werden in der gesamten Erdatmosphäre, im Wasser der Meere und in der Biosphäre gleichmäßig verteilt. Dabei stellt sich ein weltweit konstantes Verhältnis zwischen der Menge des radioaktiven und des normalen Kohlenstoffs mit dem Atomgewicht 12 (12C) ein, und zwar kommt auf eine Billion normaler 12CO2-Moleküle nur ein einziges mit dem radioaktiven Kohlenstoff 14C. Das Verhältnis der beiden Kohlenstoffisotopen ist deshalb konstant, weil eben so viel 14C ständig neu gebildet wird, wie solches durch Radioaktivität zerfällt. An dem konstanten Verhältnis von 14C zu 12C hat auch die gesamte belebte Natur Anteil. Durch Photosynthese gelangt die Mischung der beiden

Kohlenstoffisotope auch in die Pflanzen. Tiere und Menschen nehmen sie dann mit ihrer pflanzlichen Nahrung auf. Stirbt aber ein Lebewesen, so wird naturgemäß die Zufuhr von neuen 14C unterbrochen. Das vorhandene 14C zerfällt jedoch aufgrund seiner Radioaktivität weiter mit einer Halbwertzeit von 5 730 Jahren. Dies bedeutet, dass nach diesem Zeitraum in den Resten des Lebewesens nur noch die Hälfte des ursprünglich vorhandenen radioaktiven Kohlenstoffes enthalten ist. Nach weiteren 5.730 Jahre ist in den Überresten nur noch ein Viertel des radioaktiven Kohlenstoffs enthalten, und so setzt sich dieser Prozess immer weiter fort. Um das Alter organischer Reste zu berechnen, muss man also das derzeitige Verhältnis von 14C zu 12C bestimmen und kann so unter Berücksichtigung der Halbwertzeit auf die Zeit schließen, die seit dem Tode des lebenden Gewebes vergangen ist. Die Strahlungsimpulse, die durch den radioaktiven Zerfall entstehen, werden gezählt. Aus der Halbwertzeit des 14C ergibt sich, dass nur solche Proben sinnvoll gemessen werden können, die nicht älter als 40.000 Jahre sind, weil sonst die Zahl der Strahlungsimpulse für eine statistische Berechnung zu klein wäre. Während des letzten Jahrzehnts wurde die 14C-Methode noch wesentlich verbessert, aber dennoch ist die ursprüngliche Radiocarbon-Chronologie keineswegs überholt.

Devas: „Leuchtete Wesen", „Halbgott". Rishis sind (laut Armin Risi): 1. die großen Weisen auf den höheren Planeten, direkte Söhne Brahmas. 2. Titel der großen Weisen und Gottgeweihten in der vedischen Zeit.

Dharma: Rechtschaffenheit; göttliche Ordnung; ethisch-religiöse Verpflichtung.

Guru: geistiger Führer; spiritueller Lehrer, der von Unwissenheit befreit, Illusionen zerstört und seinen Schülern den Weg zur Erlösung zeigt.

Gopuram: Trapezförmige Tempel-Pyramiden, die an planetarisch ausgerichteten Kraftorten stehen. Sie sollen die Menschen an die hierarchische Ordnung der Dimensionen erinnern. Spitze und Basis verlaufen parallel und sind durch immer breiter werdende Stockwerke verbunden. Die Tempel selbst sind wie große Mandalas aufgebaut.

Kali-Yuga: das „Zeitalter von Streit und Heuchelei", das vor fünftausend Jahren begann.

Karma: das Gesetz der „Handlung" – Gesetz von Aktion und Reaktion, Ursache und Wirkung.

Krishna: Eine Inkarnation oder ein Avatar der Gottheit Vishnu. Krishna tritt als bedeutender Protagonist des Mahabharata auf. Er berät dort die Pandavas.

Seine Lehren werden als Bhagavad Gita überliefert. Dies heißt „der Gesang Gottes".

Mahabharata: Das bedeutendste und umfangreichste Epos der Hindus, in dem deren Gedanken anhand der Geschichte der Bharatas, eines indischen Volksstammes, verdeutlicht wurden. Geschichtswissenschaftler gehen davon aus, dass diese Ballade vor ca. 3.000 Jahren entstand. Das heute bekannte Mahabharata stammt jedoch aus dem 4. und 5. Jahrhundert v.Chr. Bharata war ein Herrscher, der durch sein weises und tapferes Handeln den ganzen indischen Subkontinent beherrschte. Die Inder nennen sich oft noch heute die Söhne Bharatas und Indien selbst Bharat oder Bharatavarsha. Kuru, ein Nachkomme Bharatas, war der Stammvater des Königsgeschlechts der Kauravas. Durch Familienzwistigkeiten kam es zum 18-tägigen Bruderkrieg zwischen den Kauravas und den Pandavas, der auf dem Schlachtfeld von Kurukshetra stattfand und den alten Stamm fast ausrottete. Der wohl bekannteste und schönste Teil des Mahabharata ist die Bhagavad Gita.

Mantra: Gesänge, Worte voll geistiger Kraft bzw. heilige Formeln.

Mantrika: Jemand, der die Anwendung von Mantren durch lange Übung beherrscht

Maya: Das verhüllende Prinzip, das die Manifestation des Einen als materielle Wirklichkeit erscheinen und dadurch die Schöpfung entstehen läßt; der Wunsch nach „Vielheit"; die primäre Illusion.

Moksha: Befreiung des Geistes; Erlösung; Unterbrechung des Kreislaufs von Geburt und Tod; Erlangung ewiger Glückseligkeit; Einswerdung mit Gott.

Navagraha Ring: Der Ring der Neun Planeten. Ein mit neun verschiedenen Edel- und Halbedelsteinen besetzter Ring aus Silber oder Gold. Er soll die Energien der Neun Planeten der vedischen Astrologie harmonisieren und seinen Träger vor negativen Aspekten beschützen.

Puja oder Pooja: Gottesdienst; rituelle Anbetung der hinduistischen Gottheiten

Ramajana: Indisches Nationalepos mit 24.000 Doppelversen, wahrscheinlich von Walmiki verfasst (4./3. Jh. v. Chr.). Erzählt die Sagen von dem göttlichen Helden Rama und den Kämpfen, die er zu bestehen hatte, um seine von dem Dämonengott Ravana geraubte Gattin Sita zu befreien.

Rishis: bedeutet wörtlich „Rasende" oder besser „Seher".Die Rishis waren die Heiligen des vedischen Zeitalters in Indien. Das Sternbild „Großer Wagen" steht mit seinen Sternen für die Sieben Rishis.

Sadhu: spiritueller Wahrheitssucher

Samsara: Fluss; Kreislauf des Lebens; beständiger Wechsel; der endlose Zyklus von Geburt und Tod.

Sannyasins: die „Weltabgewandten", so werden vor allem die Schüler des indischen Weisheitslehrers Osho (Bhagwn Sri Rainesh) bezeichnet

Sari: langes Wickelgewand der indischen Frau, besteht in der Regel aus einem 5 m langen farbigen Tuch

Srimad-Bhagavatam: Auch Bhagavata Purana – ist ein 18.000 Verse umfassender episch-philosophischer Klassiker der vedischen Literatur. Das umfangreiche Werk enthüllt, in Form von faszinierenden Erzählungen, Dialogen und Gleichnissen, alle Aspekte der vedischen Philosophie, Religion, Kunst und Geschichte. Es beschreibt die Gesetzte von Karma und Reinkarnation sowie verschiedene Wege des Yoga und der Meditation und gibt auch in zahlreichen anderen Wissensbereichen - wie Psychologie, Soziologie, Kosmologie, Astronomie und Ethik aufschlussreiche Antworten. Darüber hinaus enthält das Srimad-Bhagavatam eine Vielzahl detaillierter Aufzeichnungen einer bemerkenswert fortgeschrittenen Zivilisation, die zu einer Zeit blühte, welche weit vor der uns bekannten Geschichte liegt. Es beinhaltet auch verblüffend präzise Voraussagen für die Gegenwart sowie für Zeiten, die uns noch bevorstehen. In der heutigen Zeit, die von den Veden prophetisch als Kali-Yuga („das Zeitalter von Streit und Heuchelei") bezeichnet wird, kommt dieser unvergleichlichen Wissensquelle eine immer größere Bedeutung zu.

Shiva: einer der drei Aspekte Gottes; Gott als Zerstörer, der auflöst, um Neues zu erschaffen; Gott der Hindu-Trinität.

Sri Ekambharanatha: Herr des Mangobaumes. Tatsächlich erhebt sich im Allerheiligsten des Tempels in Kanchipuram ein Mangobaum, unter dem einst der Gott Shiva seine Gefährtin Parvathi geheiratet haben soll.

Vasthu: Altindisches Prinzip des energetischen Bauens, dem chinesischen Feng Shui verwandt

Veden: Der Hinduismus begründet sich in den Veden, d.h. heiliges Wissen, die von den Weisen (Rishis) „erschaut" wurden und die sie dann in Worte fassten. Lange Zeit wurde dieses Wissen nur mündlich überliefert, seine Hüter wurden Brahmanen genannt, im ursprünglichen Sinne eine spirituelle Bezeichnung für einen Wissenden, einen, der im Kontakt mit dem Brahman steht. Erst später wurden diese rituellen und magischen Formeln, Lieder, Opfergebete und Hymnen in Alt-Sanskrit aufgeschrieben. Im Mittelpunkt stand dabei immer das Opfer, das auf genau vorgeschriebene Art ausgeführt werden musste, um das Wohlwollen der Götter und die universelle Harmonie aufrecht zu erhalten. Die Bedeutung des Opfers erklärt sich schon allein aus der Tatsache, dass die Arier ein nomadisierendes Hirten- und Kriegervolk waren und somit Kulthandlungen in Tempeln, wie wir sie aus dem heutigen Hinduismus kennen, gar nicht möglich waren. Ebenso waren in dieser Zeit natürlicherweise personifizierte Naturgewalten wie Agni, Surya und Indra von großer Bedeutung. Sinn der Opferhandlungen war es, die Gunst der Götter auf sich zu ziehen, um recht irdische Dinge zu erlangen, wie viele Söhne, Wohlstand etc. Dem im Sinne des Dharma Lebenden, der alle Regeln seiner Kaste bezüglich Familie, Beruf, Gesellschaft etc. erfüllte, stand nach dem Tode das Land der Väter offen (scheint sowas wie unser Paradies zu sein). Diese Religionsauffassung wird als Religion des Genießens im Gegensatz zu den später entstandenen Upanishaden verstanden, wo der Schwerpunkt auf der Erlösung (moksha) liegt. Die ältesten vedischen Hymnen sollen in die Zeit bis 1500 v.Chr. zurückgehen, während die ältesten Upanishaden ab 750 v. Chr. anzusiedeln sind.

Vimana-Veda: die Wissenschaft der planetarischen und interplanetarischen Flugobjekte. Man sagte den Göttern nach, dass sie heute weitgehend unbekannte Energien verwendeten. Im Vimana-Veda werden verschiedene Flugobjekte beschrieben. Eine genaue detaillierte Beschreibung mit präziser technischer Genauigkeit würde eine perfekte Bauanleitung bieten. Es werden unbekannte Metalllegierungen beschrieben, unbekannte chemische und physikalische Formeln aufgezeigt sowie Erläuterungen zu verschiedenen Energieformen gegeben. Das Vimana-Veda ist ca. 5.000 Jahre alt.

Vishnu: Einer der drei hinduistischen Hauptgötter. Er gilt als der Hüter der Schöpfung. Vishnu erscheint auf dieser Welt nie in seiner eigentlichen Form, sondern immer in einer Gestalt, die seiner jeweiligen Aufgabe angemessen ist. Daher spricht man von den 10 Reinkarnationen oder Avataren Vishnus. Neun dieser Avatare sind bereits erschienen. Die bekanntesten von Ihnen sind Krishna und Rama.

Yoga: Selbstkontrolle – spirituelle Disziplin mit dem Ziel des Einswerdens mit Gott.

Literaturverzeichnis

1000 Decorative Designs from India (Dover Pictorial Archives), Devi Thapa, Kiran Chaudhri and V. S. Navalkar, Dover Pubn Inc., 2007

Anders, Ivan T., Investigating the Unexplained, Englewood Cliffs, NJ 1972

Arz, Wilfried, Palmblattbibliotheken in Südindien, in DAO Heft 2/98, S. 20 ff., DAO Zeitschriften Verlag, Hamburg, 1998

Berlitz-Reiseführer, Indien, 4. Auflage, Oxford, 1993

Berlitz, Reiseführer Sri Lanka und die Malediven, 2. Auflage, Oxford 1992,

Blumrich, J. F., Kasskara und die sieben Welten, Droemersche Verlagsanstalt Th. Knaur Nachf., München, 1985

Childress, David Hatcher, Lost Cities of China, Central Asia and India, Adventures unlimited, Stelle, IL 60919 USA, 1991

Childress, David Hatcher, Lost Cities of Ancient Lemuria & the Pacific, Adventures unlimited, Stelle, IL 60919 USA, 1987

Churchward; James, Mu – der versunkene Kontinent, Windpferd / Reihe Atlantis, Aitrang, 1990

Däniken, Erich von, Beweise – Lokaltermin in fünf Kontinenten, 9. Auflage, München 1991

Däniken, Erich von, Reise nach Kiribati, Frankfurt/ Main - Berlin – Wien 1983

Ellis, Kirsten, Indien, Bern, 1991

Encountering God: A Spiritual Journey from Bozeman to Banaras, Diana L. Eck, Beacon Press, 2003

Finlay, Huge & Kollegen, Indien-Handbuch, 5. Auflage, Gisela E. Walther Verlag, Bremen, 1997

Fritz, John M. und Michell, George: City of Victory – The Medieval Hindu Capital of Southern India, Aperture Foundation, Inc., New York 1991

Gentes, Lutz, Die Wirklichkeit der Götter, München, 1996

Guide to Archives Series 1, Central Archives Thiruvnanthapuram, State Archives Department, Government of Kerala, 2006

India: A Sacred Geography, Diana L Eck, Harmony, 2012

Kerala. India's Garden of the Gods, Edda Neumann- Adrian, Michael Neumann-Adrian, Olaf Krueger and Edda Neumann-Adrian, Bucher, Munich, 2006

Kathakali Dance-Drama: Where Gods and Demons Come to Play: When Gods and Demons Come to Play, Phillip B. Zarrilli, Routledge, 1999

Rausch, Barbara, Meyer, Peter, Indien/Nepal, Wetzlar, 1992

Risi, Armin, Gott und die Götter, Govinda-Verlag, Zürich, 1996

Ritter, Thomas, Die Palmblattbibliotheken und ihre Prophezeiungen zur Zukunft, Kopp Verlag, Rottenburg, 2006

Rohr, Wulfing von, Es steht geschrieben, Ariston – Verlag, Genf/München, 1994

Sinha, Ashish, Lanka banks on Ramayan to woo Indian Tourists, The Hindu, Chennai, Januar 2008

Sree Padmanabha Swamy Temple, Aswathi Thirunal Gouri Lakshmi Bayi, Bhratiya Vidya Bhavan, Mumbai 2000

Times of India, Chennai, Freitag, 18. Juli 2014, Seite 11

Times of India, 23.08.2012, K. Venkateshwarlu, Prehistoric druidical rock shelter found in Srikakulam

G. Vanmikanathan, Dr. N. Mahalingam, Pathway to God, trod by Saint ri Ramalingar, Chennai 2004

Dr. Venganoor Balakrishnan, Olai Chuvadi, Adone Publishing Group, Thiruvananthapuram, 2009

Vimana Aircraft of Ancient India and Atlantis, Adventures Unlimited Press, David Hatcher Childress, Adventure Unlimited, 1991

Waterstone, Richard, Living Wisdom India, Duncan Baird Publishers, London, 1995

Weiterhin fanden persönliche Notizen des Autors über seine Gespräche mit den Brahmanen Pachayappa Balasubramaniam (Priester im Sri Ekambaranatha Tempel von Kanchipuram) und M. K. Srinivasan (Dolmetscher und Fremdenführer in Mahabalipuram) in diesem Artikel Verwendung.

Internetquellen:

http://en.wikipedia.org/wiki/Padmanabhaswamy_Temple

http://www.newyorker.com/reporting/2012/04/30/120430fa_fact_halpern

Alle Fotos:

Harikumar Babu, Thomas Ritter, Tina Gähler, Sabine Biebrach

Literatur zu den Rätseln der Geschichte dieser Welt und weiteren faszinierenden Themen finden Sie im Verlagsprogramm des Ancient Mail Verlags:

Thomas Ritter

Magisches Bali

Von Hexen, Heilern und Schicksalslesungen

IBSN 978-3-95652-117-1, Din A5, 68 Seiten, Pb., 46 Farbfotos, **€ 8,90**

Auf der Insel Bali in Indonesien soll es alten Überlieferungen zufolge Schicksalsbibliotheken geben, die auf den indischen Weisen Agasthya zurückgehen. Sie werden Lontar-Bibliotheken genannt. Diese Archive befinden sich in der Obhut einer besonderen Priesterkaste - der Pedandas. Es ist schwierig, eine solche Bibliothek aufzusuchen, da ähnlich wie in Indien auch in Bali die Kunst des Palmblattlesens nur noch von sehr wenigen Menschen beherrscht wird. In Bali fand ich nach einer spannenden Suche eine dieser geheimnisvollen Bibliotheken. Eine Schicksalslesung dort übertraf in jeder Hinsicht meine Erwartungen. Aber Bali hat noch viel mehr zu bieten, so die geheimnisvollen Ruinen von Gunung Kawi, Sanur, das Zentrum der schwarzen Magie und Gjanjar, die Hochburg der Weißen Bruderschaft. Folgen Sie mir auf eine spannende Reise in ein Paradies,in dem die Magie zu Hause ist!

Thomas Ritter

Healing Sticks

Das tibetische Buch der Heilung

ISBN 978-3-935910-63-7, Taschenbuch,
162 Seiten, 4 Farbfotos, 114 s/w-Abb., **€ 13,50**

Sie sollen aus den klaren Wassern des Paradieses entstanden sein, tief eingebettet im Erdinnern, über Millionen von Jahren dem gewaltigen Druck von Erd- und Gesteinsmassen ausgesetzt, mit magnetischen Strahlkräften ausgestattet, von Gnomen und Elfen bewacht – so werden in Sagen und Legenden die kostbarsten Kleinode unserer Erde, die Edelsteine beschrieben.

Die Lehre von der wundertätigen Heilkraft dieser Steine ist so alt, wie die menschliche Zivilisation.

Eine bis heute wenig bekannte Kunst der Heilung mit Kristallen stammt aus dem Himalaja, den Regionen Tibets und Ladakhs. Dort benutzen bis in unsere Zeit Priester, Mönche und Schamanen besondere Heilstäbe, die aus Kristallen gefertigt sind. Diese uralte Kunst des Kristallheilens soll ursprünglich in dem legendären Land Shambhala beheimatet gewesen sein. In frühen buddhistischen Schriften taucht der Ort unter dem Namen Chang Shambhala auf und wird als Quelle antiker Weisheit beschrieben. Seinen Bewohnern wird neben einem hohen moralischen und gesellschaftlichen Entwicklungsniveau vor allem eine außergewöhnliche spirituelle Reife nachgerühmt. Sie ist der Grund dafür, dass die Ärzte von Shambhala eine Heilkunst entwickelten, welche die Kenntnis von der Wirkung der einzelnen Kristalle einschließt.

Dem Autor dieses Buches ist es in mehr als zehnjähriger Arbeit gelungen, das Wissen um diese alte und einstmals geheime Heilkunst zu sammeln, um es auch für die Menschen der westlichen Welt zu erschließen.

Thomas Ritter

Katharer

Heiden, Ketzer oder wahre Christen?

ISBN 978-3-935910-84-2, 164 Seiten, 19 Farbfotos, Pb., **€ 13,50**

Wer waren sie wirklich, die Katharer - eine ketzerische Sekte oder wahre Christen, die ihren festen Glauben bewahrten, bis sie in einem gewaltigen Kreuzzug vernichtet wurden?

Thomas Ritter ist auf vielen Reisen ihren Spuren vom Aufstieg der Glaubensgemeinschaft bis zu ihrem tragischen Untergang gefolgt.

Folgen Sie ihm und entdecken auch Sie den Schatz der Katharer, von dem die Inquisitoren sagten, er sei von nicht mit Geld aufzuwiegendem Wert. Waren es materielle Dinge oder waren es einfach nur die Geheimnisse ihres Glaubens, die bis heute nicht vollständig ergründet sind?

Thomas Ritter

Sehnsucht nach dem Paradies

Die Kinderkreuzzüge im Jahr 1212

ISBN 3-935910-06-1, Din A5, 109 Seiten, Pb., **€ 9,50**

Warum schweigen die meisten unserer Geschichtsbücher, wenn es um die Geschichte der Kinderkreuzzüge geht? Thomas Ritter hat umfangreiche Recherchen an den Orten des Geschehens durchgeführt und ist der Frage nachgegangen, was wohl der wahre Auslöser für die fanatischen Vorhaben der Kinderscharen gewesen sein mag.

Alexander Knörr/Roland Roth (Hrsg.)

Terra Divina

Auf den Spuren der göttlichen Lehrmeister

ISBN 978-3-944198-17-0, Din A5, Pb, 326 Seiten, 131 Abb. **€ 19,50**

Terra Divina ist Latein und bedeutet „göttliche Erde".

„Göttliche Erde" deshalb, weil es Tausende Hinweise gibt, dass unsere Erde vor Jahrtausenden von „Göttern" besucht wurde, die uns Menschen nachhaltig beeinflussten und dann wieder verschwanden. Dorthin verschwanden, wo sie hergekommen waren – in die Tiefen des Weltalls. Die Hypothesen der Prä-Astronautik, die diese Annahme zu bestätigen sucht, sind nicht neu. Aber sie sind eben auch immer noch hochaktuell. Und gerade dieses Buch veranschaulicht diese Situation sehr gut.

Unsere Geschichte ist voller Rätsel –

Wir wollen helfen, sie zu lösen !

Bücher und Informationen zu den Themenkreisen Archäologische Rätsel dieser Welt, Paläo-SETI, Grenzwissenschaften, Sagen und Mythen.

Fordern Sie einfach *kostenlose* weitere Informationen an – per Postkarte, Fax, Telefon oder eMail beim

Ancient Mail Verlag • Werner Betz
Europaring 57, D-64521 Groß-Gerau
Tel. 0 61 52 / 5 43 75, Fax 0 61 52 / 94 91 82
eMail: wernerbetz@t-online.de
www.ancientmail.de